EVERGREEN is an imprint of Benedikt Taschen Verlag GmbH

Herausgeber: Michel Buntz – Fotoagentur: Hoa Qui
Text: Éliane Faure
Fotos: Christian Sappa/Hoa Qui (außer S. 21, 63 unten, 77, 81, 82, 83, 87, 96, 104, 105, 151, 152 rechts unten und links: Philippe Body; S. 84, 85, 86, 92, 148, 149: Thierry Borredon; S. 150: G. Bosio; S. 93: Jacques Bravo; S. 141 rechts: Delacourt; S. 141 links unten: Michel Denis-Huot; S. 94, 95, 116, 117: J.F. Lagrot-Arenok; S. 80: Reimbold-Kal; S. 27, 91: Michel Renaudeau; S. 51, 56, 57 links, 111 oben: Philippe Roy; S. 19: De Saint Ange; S. 153: Marc Torres; S. 78, 79, 88, 89, 103: Christian Vaisse; S. 15: Christophe Valentin; S. 47 links unten: De Wilde; S. 8, 9: Zefa-Kotoh; S. 152 oben rechts, 154, 155: Zefa-Raga; S. 74: Zefa-Rossenbach; diese Fotos werden über l'Agence photographique Hoa Qui vertrieben.)
Layout: Roger Donadini
Karte und Illustrationen: Jean-Michel Kirsch
Redaktion: Corinne Fossey
Übersetzung: Imke Brockhaus-Araya für GAIA Text, München
Redaktion und Realisation der deutschen Ausgabe: GAIA Text, München
Koordination: Sabine Duda, Köln
Umschlaggestaltung: Angelika Taschen, Köln

Printed in Italy
ISBN 3-8228-7129-X

ANDALUSIEN

Text Éliane Faure
Fotografien Christian Sappa

evergreen

Salamanca
Madrid
Badajoz
CÓRDOBA
Linares
Guadalquivir
Jaén
Huelva
SEVILLA
Cartagena
GRANADA
Golf
von Cádiz
Jerez
de la Frontera
Ronda
Málaga
Sierra Nevada
Almería
Cádiz
Marbella
Costa del Sol
Gibraltar
Atlantischer Ozean
Mittelmeer
Tanger
Tetuan

Sevilla 12

Córdoba 50

Jaén 72

Granada und die Sierra Nevada 76

Die Mittelmeerküste 102

Die Pueblos Blancos 118

Die Atlantikküste 142

Praktische Informationen 156

Ockerfarbene Erde, ein erbarmungslos blauer Himmel, grüne Ölbäume, weiße Häuser; Sevilla, Córdoba, Jaén, Granada, Almería, Málaga, Cádiz und Huelva. Vier Farben und acht Provinzen im äußersten Süden Europas, dort, wo der Kontinent endet. Jenseits der Meerenge von Gibraltar, gegenüber der britischen Felsenklave, beginnt Afrika, erhebt sich am Horizont der Kamm des marokkanischen Rifgebirges. Mehr als 800 km Küste an Mittelmeer und Atlantik gehören zu Andalusien, dem Einfallstor für die Einflüsse, die den Ruhm Spaniens begründeten, es aber ebensooft ins Chaos stürzten. Während im christlichen Okzident noch finsteres Mittelalter herrschte, kamen die Mauren über diese nur rund 13,5 km breite Wasserstraße und brachten der Halbinsel ihre überlegene Zivilisation, die dort fast 800 Jahre Bestand haben sollte. Andalusien und den Kalifen von Córdoba verdanken wir die arabische Philosophie und die Medizin, vor allem aber die arabischen Zahlen und die Wissenschaft der Algebra, ohne die die Erfindung der Navigationsinstrumente undenkbar gewesen wäre. So hätten sich ohne die Errungenschaften der Mauren wohl weder Kolumbus noch Magellan in Sanlúcar de Barrameda einschiffen können, um auf Entdeckungsfahrt zu gehen. Seither nahm an der andalusischen Küste eine Epoche ihren Anfang, in der man einen neuen Kontinent entdeckte und nachweisen konnte, daß die Erde eine Kugel ist. Wiederum vom Meer aus, von den Kanarischen Inseln und Marokko her, organisierte General Franco im Juli 1936 mit Unterstützung italienischer und deutscher Faschisten die nationalistische Rebellion. Nach der Niederschlagung des republikanischen Widerstands wurde das Land 36 Jahre lang, von 1939 bis 1975, unter der Diktatur Francos zentralistisch regiert. Überall wurde wieder das System der Latifundien eingeführt, der großen Landgüter, die bei der Agrarreform von 1932 unter den Kleinbauern aufgeteilt worden waren. Abgesehen vom Bau einiger Straßen und Brücken und der beginnenden Entwicklung des Tourismus an der Costa del Sol vernachlässigte der Diktator Andalusien vollkommen. Erst mit der Verfassung von 1978 erhielt der Süden endlich seine Selbstbestimmung zurück. Im Dezember 1981 erließ Andalusien ein Autonomiestatut; seither wird alle vier Jahre ein Parlament gewählt, das in Sevilla tagt, der Hauptstadt Andalusiens. Trotz der dynamischen Entwicklung der Weinindustrie und der Fischerei – in den Häfen Andalusiens werden 40% der nationalen Erträge eingebracht – bremsen die Krise in der Landwirtschaft und die hohe Verschuldung (8,6% des Bruttoinlandsproduktes) die gesamte Wirtschaft. 30,6% der arbeitsfähigen Bevölkerung sind von ständiger Arbeitslosigkeit betroffen. Bei der Olivenernte findet die Bevölkerung höchstens für vier Monate im Jahr Arbeit, Gemüse- und Getreideanbau leiden unter der kommunalen Agrarpolitik, und auch dieser Wirtschaftszweig kann bestenfalls schlecht abgesicherte Gelegenheitsjobs bieten. Der Tourismus, dessen maßlose Auswüchse sich hier in Beton manifestiert haben, schafft nur Saisonarbeitsplätze, obwohl hier an 325 Tagen im Jahr die Sonne scheint und die glanzvolle Vergangenheit und abwechslungsreiche Landschaft Andalusiens viele Touristen anzieht. Der ökonomische Aufschwung, den man sich von der Weltausstellung in Sevilla im Jahre 1992 erhofft hatte, ist bis heute auf den Bau notwendiger Eisenbahn- und Straßenverbindungen beschränkt geblieben. Das heißersehnte andalusische Wunder läßt also auf sich warten. Deshalb und aufgrund von Korruptions- und Geheimdienstskandalen haben, wie im restlichen Spanien, auch die andalusischen Wähler die Politik der sozialdemokratisch orientierten PSOE des Sevillaners Felipe González bestraft – 1996 wählten sie im gesamtspanischen Parlament die konservative Volkspartei PP zur stärksten Partei. Andalusien, wo auf einer Fläche von rund 88 000 km², der Größe des benachbarten Portugal entsprechend, sieben Millionen Menschen leben, leidet seit vielen Jahren unter einer starken Emigrationsbewegung. Schweren Herzens verlassen die Auswanderer dieses widersprüchliche Land mit seiner einzigartigen Schönheit. Die Menschen hier sind einfach, verstehen es aber zu feiern, sind fromm und gleichzeitig heidnisch, stolz, aber warmherzig, konservativ, aber tolerant. Immer wieder wirft dieses Land alle Gewißheiten und Vorurteile

durcheinander. Es ist weder rückständig noch flach, ja noch nicht einmal trocken. Im Norden bilden die Korkeichenwälder der Sierra Morena die Grenze zu Kastilien. In der Sierra de Cazorla im Osten entspringt der Guadalquivir, der Córdoba und Sevilla mit Wasser versorgt, bevor er in einem mächtigen Delta bei Sanlúcar in den Atlantik mündet. Der »Große Fluß«, wie ihn die Mauren nannten, die Lebensader der Region, durchquert Andalusien von Osten nach Westen und windet sich auf einer Länge von über 600 km in eleganten Mäandern durch ein Tal mit fruchtbarem Schwemmland. Im Süden erhebt sich das Land erneut zur Betischen Kordillere, dem letzten Bollwerk vor dem Meer. Von den mit ewigem Schnee bedeckten Gipfeln der Sierra Nevada, deren höchster mit 3 478 m der Mulhacén ist, stürzen sich die Skifahrer in die Tiefe, während inmitten dieser Berge die Perle der islamischen Architektur, die Alhambra in Granada, wie in einem Schmuckkästchen ruht. Doch die schönste landschaftliche Prägung ist die zerklüftete Kargheit der Wüste von Tabernas – hier wird das Auge mit Erdformationen belohnt, wie man sie sonst nur im amerikanischen Westen finden kann. Zwischen beiden Meeren schließlich erheben sich niederschlagsreiche, von Flüssen durchzogene Gebirgsmassive, auf denen die kalkgetünchten Dörfer thronen wie gestrandete Schaumkronen auf einem von der Brandung gepeitschten Riff. Es gibt nicht nur ein Andalusien, sondern viele verschiedene: Andalusien ist die geologische Quintessenz Spaniens. Es umfaßt über 20 Nationalparks, in denen sich das ökologische Bewußtsein der örtlichen Behörden widerspiegelt. Leider haben sich Tragödien wie die im April 1998 geschehene Umweltkatastrophe im Coto de Doñana nicht vermeiden lassen. Mittlerweile stehen 17 % der Fläche Andalusiens unter Naturschutz. Städte wie Sevilla, Córdoba und Granada bezaubern durch ihre arabischen Gärten, in denen feingliedrige Palmen den Buchsbaumalleen Schatten spenden. Die Menschen Andalusiens haben es verstanden, aus den vielfältigen Einflüssen der aufeinanderfolgenden Kulturen ihrer Besatzungsmächte das Beste zu machen. Ein weiterer Beweis für die Klugheit dieses Landes, das sich trotz seiner Romanzen seine Unschuld bewahrt hat …

An den ockerfarbenen Fassaden sevillanischer Häuser verbergen sich hinter schmiedeeisernen Gittern kunstvolle Fenster, die nichts von dem Leben der Hausbewohner preisgeben.

¡ Quien no ha visto Sevilla
no ha visto maravilla!
Wer Sevilla nicht kennt,
weiß nicht, was ein Wunder ist!

SEVILLA

Wie ein wohlwollender Wächter erhebt sich die aus der Almohadenzeit stammende Torre de Oro am Ostufer des Guadalquivir. Der »goldene Turm«, der einst den Zugang zum Hafen kontrollierte, verdankt seinen Namen den vergoldeten Mosaiken, die seine Spitze schmückten.

Immer wieder begegnet man diesem Sprichwort; gelegentlich mischt es sich sogar in die beiläufigen Gespräche bei einem Glas Sherry, zu denen sich die Einheimischen abends um acht Uhr zusammenfinden. Um diese Zeit läßt endlich die Gluthitze des Nachmittags nach, wenn eine erbarmungslose Sonne auf die ocker- und sienafarbenen oder weiß gekalkten Fassaden der Häuser brennt. Diesen Augenblick des Tages genießen die Bewohner des Wunders Sevilla in vollen Zügen. Niemand begibt sich auf direktem Wege nach Hause. Statt dessen betritt man schnell noch eine Kirche oder verliert sich in einer Gasse, schlendert über einen kleinen Platz, auf dem ein Brunnen plätschert. Die Parks und Cafés sind voller Menschen. Manch einer gönnt sich ein paar Tapas oder einen Manzanilla. Kurz gesagt, man flaniert, wie es der mediterranen Tradition entspricht, zwischen Büroschluß und Abendessen noch ein wenig in der milden Luft. Auf dem Paseo de Colón belebt die kaum wahrnehmbare Brise am Ufer des Guadalquivir die Phantasie eines müden Managers. Er lockert die Krawatte, öffnet die Lippen zu einem kurzen Seufzer des Glücks. Er beschließt spontan, einen kleinen Spaziergang zu unternehmen,

Im Herzen des Parque de María Luisa liegen die Arkaden und der 500 m lange Kanal zur Plaza de España. Der 1929 von Aníbal González entworfene Platz, stellt das bedeutendste architektonische Ensemble der Iberoamerikanischen Ausstellung von 1929 dar.

der ihn zur Torre de Oro führt, dem Wachturm, den die Almohaden um 1220 zum Schutz des Hafens errichteten. Später bewahrte man hier die Schätze auf, die die Galeonen der Konquistadoren aus der Neuen Welt mitbrachten. Bald darauf erreicht unser Spaziergänger das barock verzierte Eingangstor zur verlassenen Stierkampfarena der Maestranza, die nach dem Trubel der großen Corridas im April merkwürdig still wirkt.

Für den Augenblick gönnt sich das leidenschaftliche Sevilla eine kurze Pause, bis spät in der Nacht in den Flamencobars von Triana, jenseits des Guadalquivir, den die Mauren Wadi el Kebir, den »Großen Fluß« nannten, die Absätze der Tänzer auf den Boden zu hämmern beginnen. In der untergehenden Sonne scheinen sich die eleganten Metallbögen des Puente de Isabel II mit einem feinen Schleier geschmückt zu haben. Unwillkürlich vergleicht das Auge die Brücke aus dem 19. Jahrhundert mit dem klobigen Wehrturm der Expo ´92, dem futuristischen Wahrzeichen am se-

villanischen Horizont. Dort, am Westufer, vermischen sich auf der Insel La Cartuja beim alten Kloster Santa María de las Cuevas die Jahrhunderte. Die friedliche Cartuja, das einstige Kartäuserkloster von Sevilla, liegt heute zwischen dem Pabellón de los Descubrimientos, dem »Pavillon der Entdeckungen«, dem Technologiepark und der Kugel des Omnimax-Kinos. Doch wer weiß, ob das Schicksal dieser Einsiedelei nicht schon besiegelt war, als sie ihre Bibliothek dem späteren Entdecker Kolumbus bedenkenlos öffnete, der dort seine Reisen in die Karibik plante und vorbereitete. Heute befindet sich noch nicht einmal mehr die berühmte Keramikfabrik, die einst die wirtschaftliche Identität von Triana bestimmte, auf der Insel. Dennoch wimmelt das Viertel auch heute noch von Ständen, an denen Terrakotta, handgefertigte Töpferwaren und bunte Fayencen feilgeboten werden. In der Calle San Jorge stellt die hochmütige Miene eines Engländers in den Sechzigern die Gutmütigkeit eines Azulejoverkäufers auf eine harte

Prächtige Azulejos, vielfarbig bemalte und glasierte Fliesen, die historische Ereignisse in den Provinzen Spaniens darstellen, säumen das Halbrund der Plaza de España.
Folgende Seiten:
Die untergehende Sonne taucht den Guadalquivir in ihr orangefarbenes Licht, während auf dem Puente de Isabel II, der El Arenal und Triana verbindet, die ersten Lichter brennen.

Die Silhouette des Don Quijote wacht über die Stadt, in der Cervantes das berühmteste Romanwerk Spaniens verfaßte. Der bezaubernde Springbrunnen der Plaza de la Virgen de los Reyes wirkt mit Teufelskopf und Laternen typisch barock, stammt aber tatsächlich vom Anfang des 20. Jahrhunderts.
Rechte Seite:
Der Brunnen in der Mitte des kühlen Patio erinnert an die im Islam üblichen Waschungen. Wenn die Hitze im Haus unerträglich wird, findet man hier Erfrischung.

Probe. Dagegen nutzt in der Calle Betis, am Ufer des Flusses, der Kellner einer Freiduría, einer Fischbraterei, eine Pause zu einem genießerischen Blick auf das gegenüberliegende Ufer. Die Aussicht, die sich von hier aus auf das Stadtzentrum bietet, sucht ihresgleichen. Auf dem Puente de San Telmo überquert ein Studentenpärchen eng umschlungen den Fluß, wo die heutige Universität und frühere Tabakfabrik liegt, in der, will man Mérimée glauben, einst jene Arbeiterin beschäftigt war, die durch ihn zum Mythos wurde: Carmen.

Hier im Universitätsviertel, wo das Ostufer besonders grün ist, schlendern die letzten Touristen durch den Parque de María Luisa. Eilig besichtigen die Nachzügler noch die kunstvollen

Die Barockfassade der Plaza de Toros de la Maestranza erinnert an mexikanische Bauwerke. Mit dem Bau der Arena wurde im 18. Jahrhundert begonnen, fertiggestellt wurde sie allerdings erst im darauffolgenden Jahrhundert. Heute finden hier von April bis Oktober Stierkämpfe statt.

Azulejos, die jeweils eine Szene aus der Geschichte der 52 spanischen Provinzen darstellen und das Halbrund der Plaza de España schmücken, des einstigen Mittelpunktes der iberoamerikanischen Ausstellung von 1929. Eine halbe Stunde später begegnen sie uns dann in den Gassen von Santa Cruz, im historischen Zentrum, wo sie sich hin und wieder einen ungenierten Blick durch die Gitter eines privaten, mit Orangenbäumen bestandenen Innenhofes erlauben.

Aber wen stört diese Neugier schon? Sevilla nimmt das Leben, wie es ist, in aller Schlichtheit, ohne Einschränkungen, aber vor allem aufrichtig. Die leidenschaftliche Frömmigkeit der Semana Santa, der Karwoche, ist weltberühmt, und doch überrascht den Besucher die Innigkeit der Gläubigen. Lärmend und ungestüm gibt sich die Stadt während der Feria im April, wenn die Lebensfreude explodiert. Billig mögen einem die klappernden Kastagnetten, die Wahrsagerinnen und Zigeunergitarren scheinen; doch die Sensi-

bilität eines melancholischen Liedes, das im Hinterzimmer eines verlassenen Bodegóns erklingt, berührt den Zuhörer im Inneren. Sevilla ist gleichzeitig extravagant und subtil, grobe Überzeichnung und Nuance. Mit einem Wort: Sevilla ist so natürlich wie seine Bewohner, die sich durch jene lässige Eleganz auszeichnen, die jeden Sevillaner zum Señorito erhebt. Das liegt wohl daran, daß hier immer schon verschiedene Kulturen und Religionen aufeinandertrafen. Die Metropole von heute, die mit ihren Vororten eine Million Einwohner zählende Regionalhauptstadt, verdankt ihren Lebensstil, der in ganz Spanien als Verkörperung andalusischer Lebensart gilt, ihren wechselnden Besatzern. Auf das geheimnisvolle Reich von Tartessos, dessen Reichtum sich auf seine Kupfer- und Silberminen gründete und das um 800 v. Chr. auf dem Höhepunkt seiner Macht stand, folgte eine Reihe von Einwanderern aus Nordafrika und dem östlichen Mittelmeerraum, die die Meerenge überquerten und dem Lauf des Guadalquivir

Die Tribünen der Maestranza, die zu den größten Arenen Spaniens zählt, fassen bis zu 14 000 Personen. Vor dem Kampf begeben sich die Toreros zur Andacht in die angrenzende Kapelle.

aufwärts folgten. Seit dem Jahre 1100 v. Chr. siedelten hier Griechen und Phönizier, ab 550 v. Chr. Karthager und ab 300 v. Chr. Juden. Schließlich gründeten die Römer im Jahre 206 v. Chr., nach ihrem Sieg über den Karthager Hannibal, in der Nähe des heutigen Sevilla zunächst Itálica, die erste römische Stadt. 45 v. Chr. wurde die alte iberische Siedlung Hispalis von Caesar zur Kolonie erhoben, das spätere Sevilla, das 322 n. Chr. Hauptstadt der Provinz Baetica wurde. Hundert Jahre später wurde Sevilla von den Westgoten besetzt, unterwarf sich dann Byzanz und verbrachte schließlich mehr als 500 Jahre, von 712 bis 1248, unter islamischer Herrschaft. Der Dynastie der Almohaden verdankt Sevilla einen Großteil seiner prächtigen Bauwerke, vor allem aber die berühmte Giralda, das unsterbliche Symbol christlichen Glaubens. Unter katholischer Herrschaft wurde die ursprüngliche Moschee zur Kathedrale, die heute als Wahrzeichen Sevillas T-Shirts, Schlüsselanhänger und Prospekte ziert.

Im Gewirr der weiß gekalkten Häuser des Stadtteils Triana füllen sich die Gassen nach Einbruch der Dunkelheit mit Nachtschwärmern.
Die Cafés von Sevilla locken mit kunstvollen alten Keramikschildern, wie sie einst im Kloster von La Cartuja hergestellt wurden.
Über dem frechen Auftreten der jungen Zigeunerinnen vergißt man leicht, daß sie sich mit dem Verkauf von Blumen an Passanten mühsam ihren Lebensunterhalt verdienen müssen.

Vorhergehende Seiten:
In einer Schleife des Flusses liegt La Cartuja, das Kartäuserkloster, in dem sich Christoph Kolumbus aufhielt, um hier zwischen zwei Expeditionen die Schriften der Bibliothek zu studieren.
In der nächtlichen Dunkelheit schimmern die Metallbögen des auch Puente de Triana genannten Puente de Isabel II bläulich. Bei dem 1845 fertiggestellten Bauwerk handelt es sich um die älteste Brücke der Stadt.
Der im maurischen Stil Nordafrikas für die Weltausstellung errichtete marokkanische Pavillon fügt sich ausgezeichnet in die Umgebung ein. Schließlich besitzt man in Sevilla seit jeher eine Vorliebe für Mosaiken.

Seit dieser Zeit fließt in den Adern Sevillas maurisches Blut, worauf sich die Befürworter des Regionalismus gern berufen, wenn es darum geht, sich von der kastilischen Vorherrschaft abzuheben. Und findet sich in der Architektur nicht allerorten der islamische Einfluß gleichberechtigt neben dem des Christentums? Denn die Bewunderung der katholischen Herrscher für die Kalifen war so groß, daß sie sich noch zwei Jahrhunderte nach der Rückeroberung Sevillas eng an deren Schönheitsverständnis orientierten. Heute nennt man diese Kunstrichtung, dieses zarte goldene Ornament zwischen den Epochen »Mudéjar«. Ein wunderschönes Beispiel für diesen Stil ist der Palacio Pedro I im Herzen des Alcázar. Der Mudéjarstil verkörpert eine Lebensweise, die sich nicht auf eine Epoche festlegen läßt. Die Reichen der Welt lassen sich von ihm faszinieren, wie der Herzog von Alba, der den Palacio de las Dueñas erwarb, während sich der Herzog von Medinaceli für die Casa de Pilatos entschied – ein verrücktes Bauwerk, das ein Abbild

In den im Mudéjarstil errichten Anlagen der Reales Alcázares weiß man kaum, ob man den kunstvoll gestalteten Bögen des Eingangs, der prächtigen Kuppel des Salón de Embajadores oder den raffinierten Mosaiken des Patio de las Doncellas den Vorzug geben soll.

Unter den gotischen Spitzbögen der Kathedrale der Giralda ruhen die sterblichen Überreste von Christoph Kolumbus, die 1899 von Havanna nach Sevilla überführt wurden. Die vier Träger verkörpern die Königreiche León, Aragón, Kastilien und Navarra.

des Palastes von Pontius Pilatus in Jerusalem sein soll. Erst dem aufkommenden Barock gelang es im 17. Jahrhundert, den Mudéjarstil zu verdrängen. Ein größerer Gegensatz zu den grazilen Arbeiten der islamischen Meister ist kaum vorstellbar. Schließlich begann sich Sevilla bereits im Siglo de Oro, Spaniens Goldenem Zeitalter und dem Jahrhundert der spanischen Expansion in Übersee, neuen Einflüssen zu öffnen. Nach dem Ende der Reconquista, der Rückeroberung, wollten die christlichen Herrscher nicht länger hinter den Mauren zurückstehen. Sie brachten den gotischen Stil und die von Italien ausgehende Renaissance ins Land und etablierten sie dort. Eine atemberaubende Synthese all dieser Stilrichtungen verkörpert die im 15. Jahrhundert erbaute Kathedrale von Sevilla, deren Schiffe einander offenbar an Größe zu übertreffen suchen. Fasziniert von den gewaltigen Abmessungen – 130 m Länge bei einer Breite von 76 m – betritt man das Gotteshaus, um es später völlig überwältigt wieder zu verlassen.

Die einladende Fassade und die Innenraumgestaltung der Stadtcafés zeugen davon, daß sich die Sevillaner hier gern mit Freunden zu einem Glas Sherry und ein paar Tapas treffen.

• Die Tapas •

Sobald sich die Mittagshitze etwas gelegt hat, genießt man sie im Stehen an der Theke einer schattigen Bar. Dazu trinkt man ein kühles einheimisches Bier, zum Beispiel ein Cruzcampo. Später am Nachmittag bevorzugt man in Sevilla den Manzanilla, einen trockenen Sherry. Tapa nennt sich alles, ob heiß oder kalt, was in kleinen Portionen serviert wird, um den ersten Hunger zu stillen: gebratene Sardellen, Tintenfische, Wurstscheiben, Tortillastückchen, Spießchen mit in Knoblauch eingelegten Essiggurken, Oliven und roten Paprikaschoten oder Erdnüsse. Daraus wird leicht eine komplette Mahlzeit, auch wenn man ursprünglich nur zum Aperitif einen kleinen Imbiß einnehmen wollte. Die Stunde der Tapas verkörpert unter den Azulejoschildern der andalusischen Bars in besonderer Weise die Lebensart des südlichen Spaniens, wo sich das gesellschaftliche Leben in viel stärkerem Maße in der Öffentlichkeit abspielt als anderswo.

PRECIOS FIJOS

P

Zwischen Palm- und Ostersonntag versammeln sich hier die Massen, um den Prozessionen der Semana Santa zu folgen, die mit der Virgen de la Macarena am Karfreitag ihren Höhepunkt finden.

Unter schwarzen Kapuzen verborgen folgen die Mitglieder dieser Laienbruderschaft der Prozession.

• Die Laienbruderschaften •

In Sevilla bereiten sich mehr als 50 Cofradías, religiöse Bruderschaften, das ganze Jahr auf die Semana Santa vor. Kein Einheimischer läßt sich die Prozessionen zwischen Palm- und Ostersonntag entgehen. Das gilt auch für die Häftlinge, die aus dem Gefängnis ausbrechen, einzig und allein, um in den frühen Morgenstunden des Karfreitags angesichts der Erhabenheit des Paso der Virgen de la Macarena in Verzückung zu geraten. Noch 1997 wurden zwei Fälle dieser Art verzeichnet. Während der gesamten Karwoche ziehen die Bruderschaften mit den liebevoll geschmückten Christus- und Madonnenskulpturen durch die Straßen von Sevilla. Im Rhythmus der Hammerschläge des schwarzgekleideten Catapaz marschieren die Costaleros langsamen Schrittes mit verbundenen Augen durch die Stadt. Auf ihren Schultern ruhen mehrere Tonnen schwere Plattformen mit den Prozessionsfiguren, den Pasos. Den Zug beschließen die Nazarenos, Büßer in den Kutten der Bruderschaft mit ihren charakteristischen spitzen Kapuzen.

Am Guadalquivir, entlang der Straße nach Córdoba, erkunden die Herren der großen Landgüter ihre Besitzungen gelegentlich zu Pferd. Die sonnenüberflutete Ebene der Campiña um Écija gilt als »Bratpfanne Spaniens«.

Welch ein Wunder im Herzen der Stadt der Wunder! ¿Viste la Giralda? Ob man den Turm der Kathedrale gesehen habe? Wie könnte man es übersehen, das ehemalige Minarett mit dem Giraldillo, der gewaltigen, den Triumph des Glaubens verkörpernden Statue, die sich über dem Gewirr der Dächer erhebt? Diese architektonische Allegorie, die in ihrer christlichen Frömmigkeit wie auch in ihrer prahlerischen Machtdarstellung noch über das hinausgeht, was damals im restlichen Spanien üblich war, kann nur andalusisch sein. In der schweren Luft, in der sich die Ausdünstungen der Menschenmassen mit dem Duft von Weihrauch und Wachs mischen, erscheint Sevilla plötzlich als Verkörperung aller Pracht des alten Europa. Wie der Giraldillo, der sich trotz seines Gewichtes im Winde dreht und sich niemals dem Sturm widersetzt, wird es auch die Stadt der Wunder immer verstehen, sich dem Atem der Geschichte anzupassen.

CLINICA DENTAL

• Der Flamenco •

Klage, Ventil und Provokation zugleich, voll distanzierter Ironie und Spott für die Fallgruben des Schicksals, lebt der Flamenco vom Paradox. An erster Stelle verkörpert er eine Lebenshaltung. Übrigens soll er seinen Namen dem arroganten Gebaren der flämischen Ratgeber am Hofe Karls V. zu verdanken haben. Andere behaupten, die stolze Haltung der Tänzer erinnere an die der rosa Flamingos. Doch was sich während der Feria mit schwingenden Hüften und wirbelnden Röcken der Straße bemächtigt, wird von den puristischen Anhängern des Cante Jondo mit Verachtung gestraft. Dieser »inbrünstige Gesang« ist anspruchsvoll. Seine Existenz verdankt er dem musikalischen Genie einer Volksgruppe, die wie keine zweite in der Geschichte Spaniens an den Rand der Gesellschaft gedrängt und verfolgt wurde: den aus Indien stammenden Zigeunern, den Gitanos. Seit ihrer Ankunft auf der Iberischen Halbinsel im Jahre 1440 vermischten sie sich mit der jüdischen und arabischen Unterschicht, die noch nicht vor der Reconquista geflohen war. Sie bemächtigten sich der Rezitative der jüdischen Liturgie, der gutturalen Beschwörungen der Araber und der gregorianisch-byzantinischen Gesänge der Mozaraber, der arabisierten Christen, die unter dem Kalifat Glaubensfreiheit genossen. Aus der Verschmelzung dieser musikalischen Traditionen wurde unter dem Druck der Verfolgungen ein Schrei des Aufbegehrens, dessen Zauber man sich nur schwer entziehen kann – der Cante Jondo. Der Mann stimmt ihn an, um den Verrat einer Schönen zu beklagen, die Angst vor der Einsamkeit zu ertragen oder seinen leidenschaftlichen Überlebenswillen kundzutun. Im Tanz verwandelt sich die Inbrunst des Gesangs in Bewegung, setzen die Frauen mit dem Schnalzen ihrer Finger und ihren hämmernden Absätzen Akzente. Dieses Aufschluchzen der Seele fließt frei dahin, ohne Partitur, wie es der Kultur der mündlichen Überlieferung entspricht. Einzig und allein die Inspiration des Sängers bestimmt den Fluß des Duende, die Magie des Vortrags. Die Begeisterung für diese Musik der kleinen Leute geht auf das 19. Jahrhundert zurück. Damals kamen die ersten Cafés cantantes auf. Gleichzeitig wurde es allgemein üblich, den Flamenco mit der Gitarre zu begleiten, und die Cuadros, Ensembles mit Gitarristen, Sängern und Tänzern, setzten sich durch.

Während der Feria im April kleiden sich die Frauen traditionell in die Flamencotracht mit Umschlagtuch und langem Kleid aus gepunktetem Stoff, das in einer Kaskade von Volants endet.

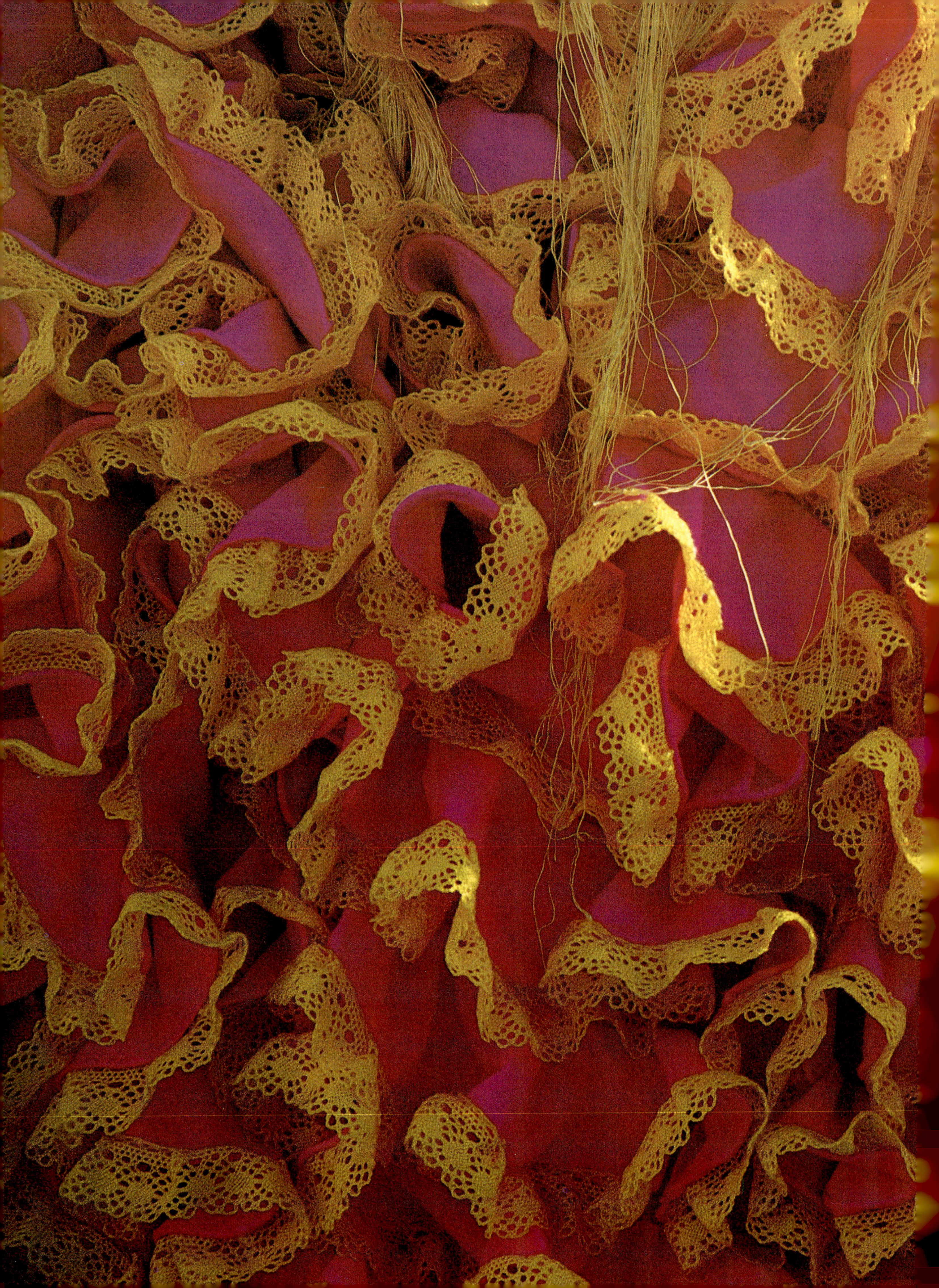

Das weite, fruchtbare Tal
des Guadalquivir
scheint die Stadt stets vor der Härte des Lebens
bewahrt zu haben.

CÓRDOBA

In den Provinzen Córdoba und Jaén stößt man überall auf jenes gelassene Selbstbewußtsein, das sich nur bei Menschen findet, die darauf vertrauen, daß der Himmel über ihnen jede Not von ihnen fernhalten wird. Seit Jahrtausenden verfallen Völker dem Charisma dieses Landes, das doch so oft seine Bewohner nicht vor den Übergriffen fremder Mächte zu schützen vermochte. Hie und da verschwinden die Weiden der reichen Landgüter, auf denen man mit Bedacht die Kampfstiere auswählt, zwischen wogenden Olivenhainen. Die besten Lagen jedoch sind dem Montilla vorbehalten, einem der berühmtesten Weine Spaniens, einer Köstlichkeit zur Pata Negra, dem Schinken der Sierra. Hartnäckig klammert sich die maurische Festung von Almodóvar del Río an die sanften Hügel, während sich ein Dorf in ihren steinigen Schatten duckt. In der Ebene reifen in der Gluthitze Weizen und Baumwolle, die die verstreut liegenden imposanten Gutshäuser mit ihrem seidigen Mantel einhüllen. Der Lebensader der Region, dem Guadalquivir, gelingt es nicht mehr, den Wassermangel auf den 57 000 km^2 der Campiña auszugleichen. Zudem bieten die reichen Güter den weniger Begünstigten kaum Perspektiven. Durch die Trockenheit

Der Puente Romano, die römische Brücke von Córdoba, spannt sich auf einer Länge von 240 m über den Guadalquivir und verbindet die Stadt mit dem Torre de la Calahorra. Hier befindet sich das Museo de las Tres Culturas, das sich mit Judentum, Islam und Christentum auseinandersetzt.

erhöht sich die Arbeitslosigkeit unter den Landarbeitern noch weiter. Doch das Leben fließt unter dem ungerührten Himmel gleichförmig dahin. Die Sommersaison erkennt man einzig an den Buskonvois, die in Córdoba einen Zwischenstop einlegen, bevor sie ihren Weg nach Sevilla fortsetzen. Je nach Geschmack und Zeitplan führt die Tour durch die majestätische Strenge der Sierra Morena im Norden von Córdoba oder zu den heiter rauschenden Wildbächen von Cazorla östlich von Jaén. Nur erfahrene Wanderer begeben sich auf die Suche nach einer Schönheit, die zu unverbildet ist, als daß sie sich von der Straße aus erschließen würde, und die sich nur in stundenlangen Märschen erfahren läßt. Das Grün der zerklüfteten Bergrücken wird verdüstert von den Eichenwäldern, die der Sierra Morena, der Dunklen, ihren Namen gaben. Weiß leuchtende Einsiedeleien liegen verborgen in Tälern, in denen man höchstens auf einen einsamen Jäger stößt. In den ausgewaschenen Felsen der Sierra de Cazorla dagegen plät-

schert überall das Wasser. Hier leben nicht nur Fischotter und Bartgeier, auch die Quelle des Guadalquivir entspringt hier. In diesen beiden Provinzen zeigt sich Andalusien von einer ganz anderen Seite, diskret, ohne Prahlerei, aber doch im vollen Bewußtsein seiner glanzvollen Geschichte. Man muß sich und anderen nichts mehr beweisen, weil man Spanien und damit auch dem übrigen Europa bereits alles gegeben hat. Ist nicht Córdoba die Geburtsstadt des weisen Seneca, der zu den brillantesten Dichtern und Philosophen des antiken Roms zählte? Versuchten nicht hier Averroes und Maimonides, Araber der eine, Jude der andere, ihren Glauben mit der Logik des Aristoteles in Einklang zu bringen? Von Córdoba, einst Hauptstadt des Reiches Al-Andalus, das unter den Omaijaden drei Viertel Spaniens beherrschte, ging das Gedankengut aus, das dem mittelalterlichen Europa den Fortschritt bringen sollte. Auf Befehl der Kalifen wurden im 10. Jahrhundert 400 000 Bände der Bibliothek, eine gewaltige Schatz-

Die gewundenen, engen Gassen der Judería von Córdoba eignen sich hervorragend, um das alte Judenviertel der Stadt, das sich im Mittelalter durch sein pulsierendes Leben auszeichnete, zu Fuß zu erkunden.

Der Mihrab und der Gebetssaal der Mezquita von Córdoba mit seinen 850 Säulen aus Marmor und Jaspis gelten in der ganzen Welt als Meisterwerke islamischer Kunst. Der 785 begonnene Bau der Moschee wurde Ende des 10. Jahrhunderts vollendet.

Der Alcázar von Córdoba mit seinem prächtigen Patio wurde 1328 unter Alfons XI. im Mudéjarstil errichtet. Bis ins 18. Jahrhundert hinein residierte in der mit römischen Mosaiken geschmückten Kapelle das Tribunal der Inquisition.

Die Einsiedeleien in der Nähe von Córdoba schmiegen sich an die Ausläufer der Sierra Morena. Hier findet man nicht nur Ruhe, es bietet sich auch ein hervorragender Blick über Gebirge und Stadt.

kammer des Wissens, aus dem Griechischen, Ägyptischen, Sanskrit und Persischen übersetzt. Damals strömte die gesamte geistige Elite der Alten Welt hier zusammen. Córdoba verdanken wir wichtige philosophische Erkenntnisse, die arabischen Zahlen, die Grundlagen von Algebra, Astronomie und Medizin. Unter Abd Ar-Rahman III. (912–961) und Al-Hakem II. (961–976) hatte Córdoba den gleichen wissenschaftlichen Rang wie Bagdad. Zahlreiche Legenden verklären den unstillbaren Wissensdurst der Mauren und ihre Liebe zu den Geisteswissenschaften. Man profitierte von der Kunst, aus den Streitigkeiten anderer als lachender Dritter hervorzugehen, die Kalifen verstanden sich aber auch darauf, die Kompetenz der einzelnen Bevölkerungsgruppen für sich einzusetzen, indem sie zum Beispiel darauf verzichteten, die Christen gewaltsam zu bekehren. Ar-Rahman III. hatte einen jüdischen Finanzminister, während andere christliche Wesire ernannten. Wieder einmal präsentiert sich Córdoba als Inkarnation einer

Verschmelzung der drei monotheistischen Religionen. Wenn man es für unangemessen hält, die Leistungen des Toreros Manolete in dieser Reihe intellektueller Großtaten zu erwähnen, ist der Cordobese nicht beleidigt. Er weiß, daß sich seine Stadt auch in der Arena nichts mehr beweisen muß.

Was aber kann uns das Córdoba der Gegenwart lehren, die Stadt der honigfarbenen Steine? Zunächst einmal wird die Gelassenheit deutlich, mit der die 300 000 Cordobesen das Leben angehen, auch wenn dies wie ein Klischee klingen mag. Manchmal allerdings scheint selbst hier das Spießbürgertum die Oberhand zu gewinnen, wie in der Umgebung des »Corte Inglés«, des Kaufhauses an der Plaza de las Tendillas. Von den Befürwortern futuristischer Liftings werden die nördlichen Viertel gepriesen, die mit ihren Banken, Schnellbahnen und Geschäftsleuten ein internationales Einheitsgesicht angenommen haben. Gelegentlich greift man auch bei der Selbstdarstellung daneben, wie in der Nähe des

Bei Andújar stößt man mitten in Südspanien auf eine unerwartet grüne Landschaft, die von Gebirgsbächen und dem Guadalquivir bewässert wird.

Folgende Seiten:

Vor dem Horizont erhebt sich über dem weißen Dorf von Almodóvar del Río eine maurische Festung. Teile des Bauwerks gehen bis auf das 7. Jahrhundert zurück.

Im ländlich geprägten, der Tradition verhafteten Leben Andalusiens spielt die Liebe zur Jagd eine wichtige Rolle. Die Rebhühner in den Käfigen sollen ihre Artgenossen vor die Flinten der Jäger locken.

Puente Romano, des altehrwürdigen Zugangs zum Torre de la Calahorra, der das Museo de las Tres Culturas beherbergt. Doch das nüchterne Temperament des Cordobesen zeigt sich von solch übertriebenem Prunk unbeeindruckt, der für ihn zum Leben gehört, ihn jedoch nicht weiter betrifft. Sehr ernst dagegen nimmt er die Zubereitung des Rabo de toro, des in Gemüse geschmorten Stierschwanzes. Er lobt begeistert die Qualität des Flamencofestivals und widmet sich mit Eifer der Pflege seines Patios, um im Frühjahr einen Preis für den schönsten Innenhof zu erhalten. Tradition ist wichtig, schließlich heißt es, die Patios Córdobas fänden auch in Andalusien nicht ihresgleichen. Die Blumen allerdings beschränken sich nicht darauf, im Verborgenen hinter den schmiedeeisernen Gittern zu blühen. Im Callejón de las Flores ergießen sie sich auf die Straße, tropfen aus Dutzenden von Töpfen an den Wänden der Häuser. Die Gassen der Judería, des alten Judenviertels, strahlen eine Harmonie aus, die auch der Tourismus nicht hat

zerstören können. Genau darin besteht das Wunder von Córdoba, daß man die Geschichte niemals der Notwendigkeit geopfert hat. Córdoba zeichnet sich nicht nur durch geistige Brillanz, sondern auch durch einen besonderen Sinn für Gerechtigkeit aus. Dieses ethische Empfinden ist dafür verantwortlich, daß die Stadt, in der es keine nennenswerte Arbeiterschicht gibt, politisch traditionell links von der Linken steht. Córdoba »die Rote« erklärt sich solidarisch mit den Vierteln östlich des Marktes der Plaza de la Corredera, in deren Werkstätten Lederwaren und filigrane Silberarbeiten hergestellt werden. Hier spielt sich das Leben der kleinen Leute ab. Schon Seneca, der aufgeklärte Sohn der Stadt, war der Ansicht, daß man sich nicht nach der Meinung seiner Zeitgenossen richten dürfe, wenn man Großes erreichen wolle. In dieser Hinsicht muß sich Córdoba vor niemandem verstecken.

Die Weine von Montilla Moriles werden in irdene Krüge abgefüllt. Aufgrund ihrer Süße und ihres fruchtigen Geschmacks sind sie vor allem als Dessertweine beliebt. Trockenere Weine aus diesem Gebiet genießt man gern zu Wurst und Schinken.
Folgende Seiten:
La Campiña nennt man die Ebene, die sich zwischen Sevilla und Córdoba zu beiden Seiten des Guadalquivir erstreckt. Auf den riesigen Landgütern der Gegend wird Getreideanbau und Stierzucht betrieben.

Zwischen den beiden Prinzessinnen
Córdoba und Granada gibt sich Jaén
allzuoft mit der Rolle der Hofdame zufrieden.

Jaén

Mit dem Bau der im Renaissancestil errichteten Kathedrale von Jaén wurde um 1500 begonnen, vollendet wurde sie jedoch erst im ausgehenden 18. Jahrhundert. Die klassische Erscheinung des Gebäudes wird auch durch die barocken Erweiterungen nicht beeinträchtigt.

Manchmal fühlt sich Jaén verkannt, die Stadt, die in einem Meer von Olivenhainen in einem Talkessel liegt, über dem sich der maurische Ausguck Castillo de Santa Catalina erhebt. Einst hielt die stolze Festung die kampflustigen Truppen der katholischen Kastilier von Andalusien fern. Von hier aus bietet sich ein wunderbarer Überblick über die Lage dieser Provinz zwischen Gebirgen und Wäldern. Doch das alte Auringis, wo bereits die Römer das stark silberhaltige Blei abbauten, die Berberfestung Zanata, die Ferdinand von Kastilien 1246 eroberte, besitzt noch zwei weitere Sehenswürdigkeiten. Eines dieser Baudenkmäler, die Kathedrale, ist der geistlichen Pflege gewidmet, während die Baños Árabes, die Arabischen Bäder, für die Pflege des Körpers bestimmt waren. Das Gotteshaus mit seinen zahlreichen Skulpturen stellt eines der Meisterwerke der spanischen Hochrenaissance dar. In seinem Inneren befindet sich ein Tabernakel, das das Schweißtuch enthält, mit dem die Hl. Veronika das Antlitz Christi getrocknet haben soll. Hinter dem früheren Palast der Grafen von Villardompardo mit seinem Museum verbergen sich die Arabischen Bäder aus dem 11. Jahrhundert, die größten ihrer Art in Andalusien.

Die Olivenernte findet am Jahresende statt und erstreckt sich über zwei Monate. Ungefähr 200 000 Tonnen Öl liefern die Olivenbäume der Gegend um Jaén heute.

• Die Olivenhaine •

Baumbestandene Furchen ziehen sich durch den ockerfarbenen Boden der Provinz Jaén, auf den mehr als 150 Mio. Olivenbäume grüne Tupfen malen. Die knorrigen Stämme, die zu 90% zur Sorte Picual gehören, stellen die Haupteinnahmequelle der sanften Täler der Region dar, eine der ärmsten in Europa. Im Dezember ernten Saisonarbeiter auf den großen Landgütern, die sich auch heute noch im Familienbesitz befinden, mehr als 500 000 Tonnen Oliven. Diese Latifundien stellen nach wie vor die Grundlage der andalusischen Landwirtschaft dar. Die riesigen Pflanzungen liefern mehr als 200 000 Tonnen Öl unterschiedlicher Qualität, das jedoch kontrolliert und je nach Güteklasse mit der Bezeichnung »Denominación de Origen Controlada« versehen wird. Die erste Pressung erfolgt kalt, so daß Aroma und Vitamine in vollem Umfang erhalten bleiben. In der Antike war der Ölbaum Symbol für Frieden und Fruchtbarkeit.

»Beweine nicht
wie ein Weib,
was du als Mann
nicht verteidigen konntest!«

Granada und die Sierra Nevada

Der schlichte Stil des anmutigen Brunnens im Hospital von San Juan de Dios läßt die Pracht der angrenzenden Kapelle nicht ahnen, in der sich der ganze Prunk des barocken Granada entfaltet.

An einem außerordentlich schönen Januarmorgen des Jahres 1492 entzieht sich die Mutter des Königs Boabdil mit diesen Worten dem Kummer ihres Sohnes.

Der letzte der Nasriden hat sich noch einmal nach Granada umgewandt und seinem Kummer freien Lauf gelassen, als er auf den engen Gebirgspfaden der Sierra zum Meer reitet, auf dem er nach Afrika, dem Ort seines Exils, gelangen soll. Die Tränen des von Isabella und Ferdinand von Kastilien vertriebenen Boabdil, der den katholischen Königen die Stadt kampflos überlassen hatte, markieren den Endpunkt der achthundertjährigen Präsenz des Islam in Spanien. Doch mit dem Aufgang der Sonne sind die Seufzer des Maurenkönigs vergessen, denn sie leuchtet nun für die Christen. In ihren ersten Strahlen erglüht die Krönung der islamischen Architektur in Andalusien: die Alhambra, die Rote. Palast und Gärten verströmen den betäubenden Duft des gefallenen Paradieses und seiner überkommenen Gleichgültigkeit gegenüber der Vergänglichkeit der Geschichte. Fast 250 Jahre lang lebten die Nasriden ihren grandiosen Traum von Frieden und Luxus, für

Drei Hügel, Vorboten der Gipfel der nahegelegenen Sierra Nevada, bestimmen den Verlauf der von weißen und ockerfarbenen Fassaden geprägten Straßen von Granada. Der Albaicín, einer dieser Hügel, liegt der Alhambra genau gegenüber. Des Abends versammeln sich Einheimische und Touristen an seinen Hängen, um den Sonnenuntergang über dem Palast zu genießen.
Folgende Doppelseite:
Die imposanten Register der aus dem 17. Jahrhundert stammenden Orgel der Kathedrale von Granada entsprechen den mächtigen Proportionen des Gebäudes, das eine Länge von 116 m, eine Breite von 67 m und eine Kuppel mit einer Höhe von bis zu 48 m besitzt.

den sie mit kleinmütiger Unterwerfung bezahlten. Nach dem Fall von Córdoba und Jaén erklärte sich Mohamed Ibn Al-Ahmar, der Stammvater der Dynastie, schon 1246 zum Vasall der Christen. Flüchtlinge aus den eroberten Städten strömten nach Granada und halfen durch ihren Unternehmergeist, die kleine Festung mit einer Fläche von 30 000 km^2 und 400 000 Einwohnern am Leben zu erhalten. Daraus schuf der Nasride ein Königreich, das im Untergang zu bezaubernder Schönheit erstrahlte.

Schon die Lage auf dem Felsen, der Stadt, Vega und Río Genil beherrscht, ist einzigartig. An den Flanken des Abhangs rauscht der wilde Río Darro, und über allem schwebt wie ein Diadem der ewige Schnee der Sierra Nevada. Das flackernde Licht einer belagerten Kultur, die notgedrungen sorglos in den Tag hineinlebte, verleiht dem Werk seinen besonderen Glanz. Keine königliche Residenz kann es mit der Erhabenheit der Alhambra und den Gärten des Generalife aufnehmen. Der sinnliche, rot überhauchte, hie

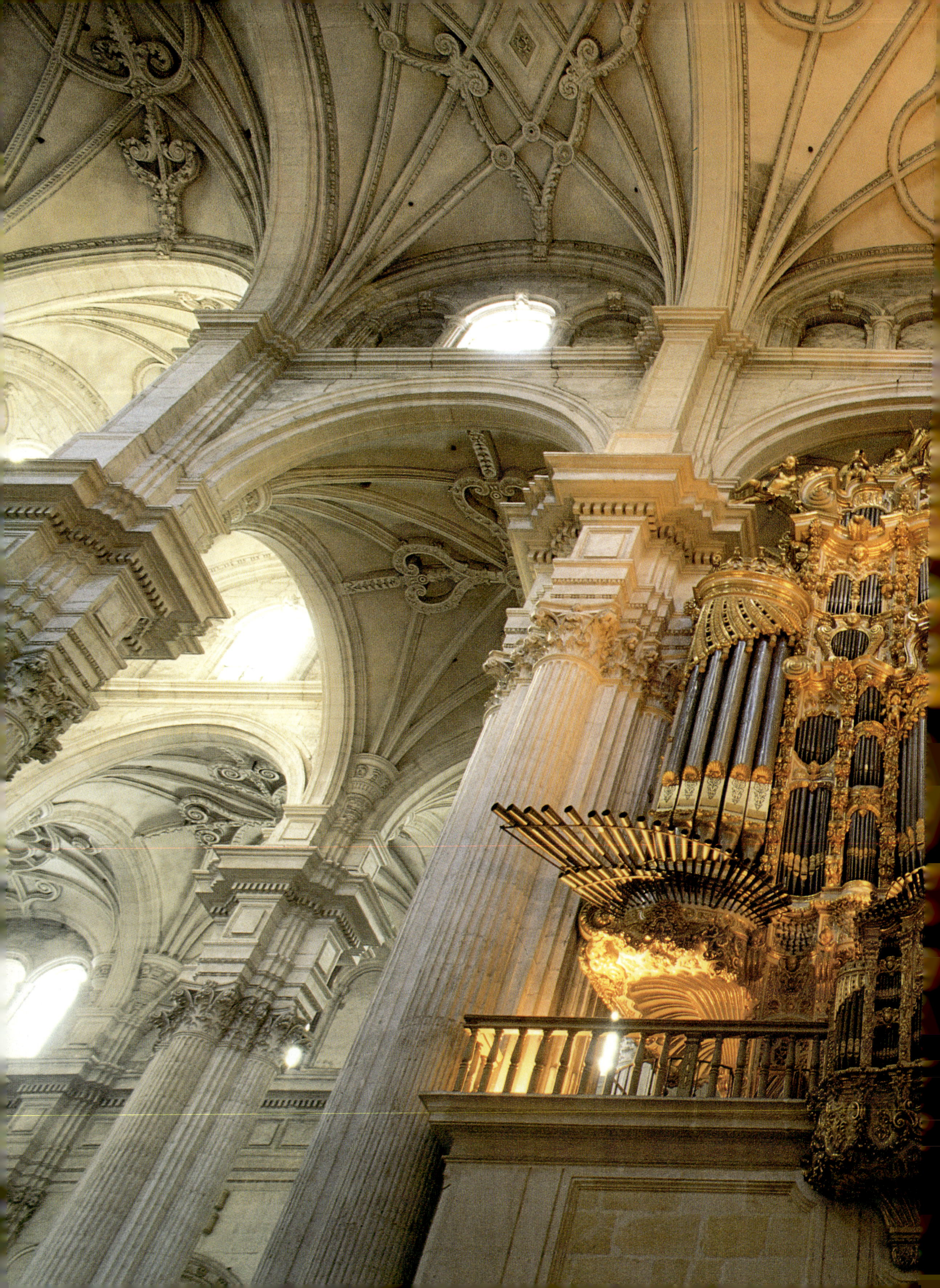

Die Innenräume des Kartäuserklosters von La Cartuja im Norden Granadas gelten als Meisterwerk des Barock im 16. und 17. Jahrhundert. Hier findet man Fresken von Juan Sánchez Cotán und prächtige Stuckarbeiten.

und da in sanfte Schatten getauchte, ockerfarbene Stein, den in zahllosen Brunnen sein eigenes Spiegelbild umschmeichelt, gibt sich ohne Scham, ohne zeremoniöse Steifheit der Umarmung des Gebirges hin, dem strahlend blauen Himmel, dem leidenschaftlichen Verlangen der glühenden Sonne. Die Marmorfliesen vergessen ihre eigene Schönheit, um sich demütig den Säulen und Springbrunnen unterzuordnen, die sie tragen. Azulejos und Stuckarbeiten der Wände künden von der ewigen Suche nach dem geistigen Wohlbefinden, wie es dem Koran entspricht. Zwischen Löwen- und Myrtenhof zieht die magische Aura der ihren Untergang ahnenden Zivilisation der Nasriden, die dieses perfekte Abbild irdischen Glücks umgibt, den Besucher in ihren Bann. Die Schönheit der Gärten des Generalife, des Sommerpalastes der Könige von Granada, löst ein instinktives Wohlbefinden aus, wie es nur die Harmonie zwischen Mensch und Natur hervorbringt. Überall sprudelt Wasser, die schöpferische Kraft der Mohammedaner. Winzige Fontänen filtern das Licht, scheinen sich in trügerischen Regenbogen aufzulösen, um dann in Arabesken aus Tausenden schimmernder Tropfen auf die nahezu ungebändigte

Vegetation herabzufallen. Von diesem üppigen Tau genährt hüllt der Duft der Magnolien, Zypressen, Rosen und Eukalyptusbäume Bänke und Mauern ein, um schließlich in die Räume des Palastes vorzudringen. Die Grenze zwischen Innen und Außen ist aufgehoben, kein Kreuzgang bietet Erholung. Das Leben fließt und pulsiert durch die Adern der wild wuchernden Pflanzen, die sich in alle nur denkbaren Grüntöne kleiden, erwacht bei den musikalischen Klängen des in den Brunnen plätschernden Wassers und dem vielstimmigen Gesang der Vögel. Der Garten stellt keine Ergänzung des Hauses dar, sondern die Verkörperung des Wohlgefühls, das wir dort finden. Hier nimmt der Weg zum Absoluten seinen Anfang, hier unten, in der Welt der Lebenden.

Vielleicht hielt Karl V. die Furcht davor, die Spiritualität dieses Ortes zu stören, davon ab, den Palast im Stil der italienischen Renaissance zu beziehen, den er ab 1526 in diesem nasridischen Garten Eden errichten ließ. Liegt es an der Anziehungskraft dieses

Der Hügel der Alhambra erwacht im roten Schimmer des steinernen Nasridenpalastes, hinter dem sich die schneebedeckten Gipfel der Sierra Nevada erheben.
1526 ließ Karl V. einen Teil der Gebäude abreißen, um dort selbst einen Palast zu errichten.

Die kunstvollen Stuckarbeiten und raffinierten Azulejos der Fassaden um den Myrtenhof spiegeln ein Architekturverständnis wider, das sich an religiösen Vorstellungen orientiert und bemüht ist, die Suren des Korans in Stein zu fassen.

Ortes, daß Künstler und Intellektuelle sich in Sichtweite auf dem gegenüberliegenden Hügel, dem Albaicín, niedergelassen haben? Oder handelt es sich um eine Hommage an die Morisken, gewaltsam bekehrte Mohammedaner, die auf dem Albaicín, auf den sie sich geflüchtet hatten, niedergemetzelt wurden? Richtet Granada seinen Blick auf die Alhambra, um die Erinnerung an das nach der Rückeroberung vergossene Blut zu verdrängen? Die Massaker an Zigeunern und Marranen, den zwangsweise getauften Juden, die ihrem Glauben treu blieben, Tausende von den Fanatikern des Schwertes und des Kreuzes vertriebene jüdische Familien zeugen davon. Wenn die würzige Luft von den Bergen kühlend über die weißen Fassaden und die losen Steine der notdürftig gepflasterten Gassen des Albaicín streicht, wiederholt sich allabendlich das gleiche Ritual. Die um die Brunnen sitzenden, schwarzgekleideten alten Frauen unterbrechen ihr Geschwätz, das Säuseln der Verliebten wird noch sanfter. Denn im Sonnenuntergang wird in

Technicolor der spektakuläre letzte Akt des Tages gespielt. Wenn sich die Dämmerung wie ein Vorhang über den zinnengekrönten Maurenpalast senkt, scheint sich eine Wolke orangefarbenen Nebels in den Himmel zu erheben.

So ist das Leben hier. Granada respektiert seine Geschichte, aber nicht mit dem Eifer und der Festesfreude seiner andalusischen Schwesterstädte. Trotz der Universitäten, deren Studenten immerhin ein Sechstel der Gesamtbevölkerung von rund 300 000 Einwohnern stellen, ist die Mentalität der Stadt einfach geblieben. Hier gibt man den schlichten Freuden des Lebens den Vorzug vor der anstrengenden Aufarbeitung kulturellen Ideengutes. Auch wenn das in letzter Zeit neu erwachte Interesse am Islam dazu ge-

Sowohl die Räume des Palastes als auch seine Innenhöfe mit ihren von zierlichen Säulen getragenen Arkaden öffnen sich zur Außenwelt, um das meisterhaft arrangierte Wechselspiel von Licht und Schatten aufzunehmen, das zusätzlich vom Wasser reflektiert wird.

führt hat, daß an den Fakultäten zusätzliche Arabischkurse angeboten werden und die Stadt stolz auf ihre Partnerschaften mit Marrakesch und Tetuan hinweist, genießt man am liebsten auf der Gran Vía de Colón ein Eis oder stopft sich Schlag 18 Uhr im Schatten der Plaza Bib-Rambla mit Bergen von in flüssige Schokolade getauchten Churros voll. Die Sorge um die Figur hält auch niemanden davon ab, sich ein Bocadillo mit Jamón de Trevélez einzuverleiben, dem im Schnee der Sierra Nevada getrockneten Schinken. Zur Stunde der Siesta leert sich das Stadtzentrum bis auf die Touristen, die sich in der Umgebung der Kathedrale und der Alcaicería in der glühenden Sonne den Rücken verbrennen. Die Fußwege entlang des Río Genil, in der Nähe der Plaza Mariana Pineda, sind fest in der Hand der Kinder und Alten, die dort zufrieden die Zeit genießen, die ihnen noch bleibt, während die Kleinen sie im Bewußtsein des Überflusses verschwenden. Granada, der Andalusierin, ist die Zwangsheirat mit dem christlichen

Kastilien, mit Spanien, nicht schlecht bekommen. In der Kathedrale verbirgt sich hinter den schmiedeeisernen Gittern der Capilla Real das älteste Symbol der nationalen Einheit: das Grabmal aus Carraramarmor, in dem Isabella von Kastilien und Ferdinand von Aragón ruhen. Erst die Heirat dieser beiden außergewöhnlichen Persönlichkeiten ermöglichte den Zusammenschluß. Granada, die Spanierin, die Katholische, demonstriert ihren Glauben an den Portalen der Kirche, präsentiert sich ausführlich, wenn man den Weg nach Norden, zu den Universitätsvierteln, fortsetzt. In den Straßen um die Gran Vía de Colón, die von stattlichen Häusern aus der Zeit um die Jahrhundertwende gesäumt werden, ersticken die Kapelle des Hospitals San Juan de Dios und das Kloster San Jerónimo in Gold, Perlmutt und Marmorskulpturen. Bis nach La Cartuja im äußersten Norden der Stadt führt diese Entdeckungsreise durch das barocke Granada, durch eine Galerie von einander an Pracht immer wieder übertreffenden Kunstschätzen.

Yusuf I. (1333–1354) und sein Sohn Mohamed V. (1354–1391) errichteten ihren Palast um den Myrten- und Löwenhof. Marmorböden, Azulejos, Gipsstuck und Holz: Einfache Materialien, wie sie die Mauren bevorzugten, schmücken die Torre Sala de los Reyes und de Comares.

An den Nordhängen der Sierra Nevada brennt eine unbarmherzige Sonne auf die Dörfer herab, die sich in diese karge Landschaft ducken. Wie eine Fata Morgana scheint die während der Renaissance errichtete Festung von Lacalahorra die mächtigen Berge herauszufordern.

Den Beinamen »Nevada« verdankt die Sierra der Tatsache, daß ihre stolzen Gipfel, die sich in jungfräulicher Kühle über Granada erheben, das ganze Jahr über verschneit sind. Kaum eine Stunde Fahrt über die höchstgelegene Straße Spaniens liegt zwischen der drückenden Hitze der Ebene und der Eiseskälte der vierzehn Gipfel. Alle ragen sie über 3 000 m hoch auf, doch mit 3 478 m ist der Mulhacén der höchste. Jenseits des Gebirges färbt sich der Himmel über dem Mittelmeer in einem Blau, das nur von einigen Schäfchenwolken unterbrochen wird. Träge liegt der 3 431 m hohe Pico de Veleta in den Wolken. Von hier aus blickt man auf das ferne Kastilien und die Kette des marokkanischen Rifgebirges. Der Königsadler zieht über den Kiefern seine eleganten Kreise, Enzian und Alpenveilchen sind hier zu Hause. Eine alpine Fauna und Flora, die man in diesem Land der Gluthitze nicht vermutet. Entsprechend aufwendig sind die Maßnahmen zu ihrem Schutz. Eine Fläche von 136 880 ha hat der Naturpark, der seit 30 Jahren

Der ewige Schnee der Sierra Nevada eignet sich hervorragend für die Fortbewegung mit Hundeschlitten. Um den Pico de Veleta findet man ein ausgedehntes Skigebiet, das bis auf eine Höhe von 3 431 m reicht.

dem Abfahrtsläufer ein Begriff ist, nicht zuletzt wegen der zahlreichen Wettbewerbe, die hier ausgetragen werden. Die andalusische Oberschicht genießt von Dezember bis April den Pulverschnee, den die hochmodernen Schneekanonen der Station Solynieve in die Luft blasen. »Sonne und Schnee«, das Skigebiet des Pradollano, braucht sich vor den elegantesten Skiorten der Alpen nicht zu verstecken und ist so beliebt, daß es sich empfiehlt, lange im voraus zu reservieren. Im Sommer, wenn alles an die Küste strebt, lohnt es sich, die kühlen, schattigen Flußtäler an den Südhängen der Sierra zu entdecken: die Alpujarras. Die zerklüfteten Hänge boten schon immer Rebellen Zuflucht, den Morisken, die bis 1609, als sie des Landes verwiesen wurden, gegen die Katholiken kämpften, ebenso wie den Republikanern, die hier während des Bürgerkriegs ihre veralteten Gewehre an den Vertretern des Francoregimes erprobten. Um den Zauber dieser ungebändigten Täler kennenzulernen, nimmt man die einzige ohne Gefahr für die Rei-

fen befahrbare, asphaltierte Straße von Granada nach Motril und biegt auf halbem Weg nach Osten ab. Die Route führt über den Puerto del Suspiro del Moro, den »Paß des Maurenseufzers«, wo Boabdil, der letzte König von Granada, von seiner Stadt Abschied nahm. Kleine Dörfer wie Lanjarón und Ugíjar mit weißgetünchten, ineinander verschachtelten Häusern klammern sich an die Hänge. Der sandgraue Stein der Dächer enthält Schieferstaub und erinnert an die Weiler des marokkanischen Atlasgebirges. Im Schatten der Eichen und Kastanien duftet es in den Gasthäusern von Pampaneira, Bubión, Capileira und vor allem Trevélez, dem mit 1476 m höchstgelegenen Dorf Spaniens, nach dem köstlichen Schinken, dem Jamón Serrano, sonnengereiften Orangen und wilden Forellen. Einer Fata Morgana gleich taucht Lacalahorra auf. Gleich einem Palast der Winde, der sich in die Wüste verirrt hat, liegt die Renaissanceburg auf dem kahlen, sturmgepeitschten Hügel.

Und auch der gelassenste aller Reisenden
verspürt von Zeit zu Zeit
eine starke Sehnsucht nach dem Mittelmeer,
nach jener Küste, die man »del Sol« nennt.

DIE *Mittelmeerküste*

An der Ostspitze des Golfes von Almería liegt ein Naturpark, der 1987 zum Schutz der Küste eingerichtet wurde. In Cabo de Gata leben 170 Vogelarten auf 26 000 ha. In den kleinen, vulkanischen Buchten findet man auch heute noch kristallklares Wasser.

Beginnen wir unseren Besuch mit einem kleinen Abstecher ins Reich von Sergio Leone, besuchen wir bewaffnet mit einer Flasche Mineralwasser »con gas o sin gas« die Wüste von Tabernas, wo bei 40° im Schatten, so man denn welchen findet, die Sonne jeden Fleck unbedeckter Haut versengt. Die Luft flimmert in der staubigen Hitze, die Flüsse in der Mondlandschaft der Cañons sind schon seit langem ausgetrocknet. Hier legten Clint Eastwood und Henry Fonda für die Dreharbeiten zu »Für eine Handvoll Dollar« und »Spiel mir das Lied vom Tod« Stiefel und Sporen an, hier schwitzte Peter O'Toole als »Lawrence von Arabien« in seinem Burnus. Die Stars sind verschwunden, aber die Kulissen für die Italowestern stehen noch. Schon glaubt man zu sehen, wie der Wind trockene Zweige auf die halbgeöffneten Türen des Saloons zutreibt, vor dem gleich der große Showdown stattfinden wird. Von hier sind es nur 30 km nach Almería an der Mittelmeerküste, die endlich ein befreiendes Bad verspricht. Almería mit 161 560 Einwohnern kann sich nicht von seinem Image als Verkörperung des armen Andalusiens lösen. Zumindest verleiht diese Düsterkeit der Stadt den Charakter, den man an der restlichen Küste so

Zwischen Almuñécar und Nerja stürzen die Felsen der Sierra de Tejeda ins Meer. Steile, kleine Straßen führen ins Hinterland, in dessen reizvoller Landschaft sich Dörfer an die Felsen schmiegen, an deren Flanken sich kühne Aquädukte erheben.

häufig vermißt. Bis 1939 hielt sich diese republikanische Hochburg, obwohl Hitler zwei Jahre lang seine Bomberstaffeln herschickte, um Franco zu unterstützen. Die Zigeuner am Hafen verdingen sich als Gelegenheitsarbeiter, doch in der Nähe gibt es keine Industrie, die den Schiffsverkehr beleben könnte. In den Vierteln der Stadt folgen auf die alten, terrassenförmig angelegten Gassen übergangslos hastig errichtete Glaspaläste. Bevölkerung und Wirtschaft leben von den Gemüsekulturen der Gewächshäuser, deren Plastikplanen im Westen der Stadt in der bleiernen Sonne glänzen. Aber immer noch singt und tanzt man am Strand, um die Virgen del Mar zu feiern. Und wenn man sein Auto nicht so lange im Fischerviertel La Chanca parkt, bis man einen Strafzettel bekommt, bleibt der Besuch der maurischen Festung Alcazaba ein unvergeßliches Erlebnis. Eine erfreuliche Nebenwirkung der Armut ist, daß die Spekulanten Almería lange Zeit vergessen haben. Umweltschützer sind begeistert von dem Golf

Die Gärten von Churriana in der Nähe von Málaga wirken wie eine kühle Oase inmitten der »urbanisierten« Strände der Costa del Sol zwischen Málaga und Estepona, an denen Millionen von Urlaubern die Sonne genießen.

im Zentrum des 1987 eingerichteten Naturparks Cabo de Gata. Ein Streifen von 2 km Breite vor der Küste, 26 000 ha Sumpf, eine Landschaft aus Dünen und vulkanischem Gestein sind so von den Auswirkungen des Massentourismus verschont geblieben. In den kleinen Buchten mit ihren roten Felsen schimmert das grüne, indigoblau marmorierte Wasser wie Seide in der Sonne. Am Arrecife de las Sirenas, dem Sirenenriff am Ende des Kaps, gleiten Taucher durch die Schwämme. Für die nächsten Jahre ist die Wiederansiedlung der weißbäuchigen Mönchsrobbe geplant, die dort vor 20 Jahren ausgerottet wurde. Ein nahezu intaktes Biotop also, in dem etwa 170 Vogelarten heimisch sind, unter ihnen der rosa Flamingo und der Gänsegeier. Für die Rückkehr in die Zivilisation sollte man sich Zeit lassen. Die 370 km lange Schnellstraße zwischen Almería und Algeciras, an der die britische Felsenklave von Gibraltar liegt, bringt den Reisenden in die Welt der Badeorte. Bis Almuñécar nennt sich die Küste wegen ihres Klimas

Costa Tropical. Von Zeit zu Zeit findet sich unterhalb der Küstenstraße ein kleiner Fischereihafen wie La Rábita, der seinen Charakter noch nicht völlig verloren hat. Von Salobreña an sorgt die Topographie endlich dafür, daß der Mißbrauch der Natur ein Ende findet, denn zwischen Almuñécar und Nerja erheben sich die Berge senkrecht aus dem Meer. Die 9 500 ha um den »historischen Marktflecken« Salobreña, wo man sich bemüht hat, das ursprüngliche Bild der Küste zu erhalten, wirken wie eine Oase der Authentizität. Unvermittelt erhebt sich aus den Zuckerrohrfeldern der sanfte Hügel, auf dem die Stadt mit ihrer maurischen Festung zwischen Himmel und Meer zu schweben scheint. Ein Gewirr weißer Häuschen bedeckt die Abhänge, zwischen denen rot die von Blumen überquellenden Balkone leuchten. Ganz in der Nähe klammern sich die Luxusvillen von Nerja an die steilen Felsen um den berühmten Balcón de Europa, das Vorgebirge, das sich wie eine Aussichtsterrasse zwischen Afrika und Spanien er-

hebt. Auch dieses Dorf ist noch intakt, aber im Sommer überlaufen, wie auch die prähistorischen Grotten, denen der Ort seine Berühmtheit verdankt. Danach folgt noch eine reizvolle kleine Gebirgsstraße, bevor man ins Reich der Sonnenanbeter gelangt. Hier wird das Bild von Bikinis und blasenwerfender Haut bestimmt. Schließlich will keiner der Urlauber, die in der Provinzhauptstadt Málaga von den Charterflugzeugen ausgespuckt und auf die »urbanisierten« Strände zwischen Torremolinos, Fuengirola, Marbella und Estepona verteilt werden, ohne die heiß ersehnte Urlaubsbräune nach Hause fahren. Das heitere, 540 000 Einwohner zählende Málaga, das den Eindruck ewiger Ferienstimmung vermittelt, zeigt sich als angenehmer Badeort, wo man sich unter Palmen oder an Springbrunnen erfrischen kann. Doch für den, der nicht nur von Tapas, sondern auch vom Anblick der Reichen und Schönen lebt, bleibt das elegante Marbella die Königin der Küste.

Das sagenhafte Marbella ist der eleganteste Badeort Spaniens. In den von Luxusboutiquen gesäumten Straßen tummelt sich der internationale Jet-Set. Petrodollars und Rolls-Royce bestimmen das Bild der Stadt, die zwei erst kürzlich errichtete Moscheen besitzt.
Folgende Seiten:
Die Wüste von Tabernas nördlich von Almería ist das wasserärmste Gebiet Westeuropas. In diesem »andalusischen Arizona« drehte Sergio Leone zahlreiche Western.

• El Rocío •

Jeden Mittwoch vor Pfingsten nähert sich eine endlose Karawane schwankender, blumengeschmückter Planwagen dem etwa 50 km von Sevilla entfernten Örtchen El Rocío. Die Männer, die das weite, weiße Hemd in den Gürtel der Hose gesteckt haben, schwitzen unter breitkrempigen Hüten. Über die Kruppen der andalusischen Vollblüter ergießen sich in Kaskaden die gepunkteten Röcke der reitenden Frauen, deren Haar von einem nelkengeschmückten Kamm gehalten wird. Die Romería von El Rocío ist nicht nur die größte Wallfahrt Spaniens, sondern auch das farbigste und lebensfrohste seiner religiösen Feste. Jedes Jahr bemühen sich die Behörden erneut, die Ordnung in dieser buntgemischten Menge aufrechtzuerhalten. Vergebliche Liebesmüh, denn Schlägereien gehören zum Fest und schrecken keinen der fast eine Million Pilger ab. Hier treffen sich nicht nur Zigeuner aus der Provinz Sevilla und ganz Spanien, sondern auch aus Nord- und Mitteleuropa. Angeblich soll sie der lange Marsch an ihr ursprüngliches Nomadenleben erinnern. Aber die Romería zieht auch etwa hundert Laienbruderschaften aus den Orten um Cádiz, Huelva und Sevilla an. Zu Fuß, manchmal auch per Boot, überqueren die Pilger die Sümpfe des Guadalquivir-Deltas, um nach El Rocío am Rande des Naturparks von Coto de Doñana zu gelangen. Nachts wirbelt der Wind zu dieser Zeit nicht nur den Sand auf, sondern trägt auch den Klang der Tamburine und Flamencogitarren davon, die in den Lagern erklingen, während die Pilger singen und trinken. Am Ende der Reise übertönt der Lärm der betenden Menge die Schreie der Wasservögel. In der Nacht von Sonntag auf Montag erreicht die kollektive Raserei ihren Höhepunkt. »¡Qúe viva la Blanca Paloma!« heißt es, während die Mutter Gottes durch die Menge getragen wird. Ihre Träger geraten des öfteren ins Wanken, weil sie allzusehr von den Bewunderern der Jungfrau bedrängt werden, die nach den langen Stunden des Wartens im Morgengrauen nicht mehr recht Herr ihrer Sinne sind.

Aus ganz Spanien und Europa strömen die Karawanen der bunten, blumengeschmückten Planwagen der Zigeuner und zahlreicher religiöser Laienbruderschaften an Pfingsten zusammen, um das Standbild der Jungfrau von El Rocío anzubeten.

Immer schon hat das Landesinnere des andalusischen Südwestens unter allen Gegenden Spaniens eine besondere Anziehungskraft auf Fremde ausgeübt.

DIE PUEBLOS BLANCOS

Besser als jede Festungsanlage schützt die natürliche Lage der Stadt das auf zwei Felsvorsprüngen errichtete Ronda, das Ferdinand der Katholische erst 1485 den Arabern entriß.

Nicht ohne Grund preist man den Zauber dieser weißen Dörfer, denn nirgends sonst hat sich der Mensch mit solcher Demut dem Boden, dem Klima und der Sonne seiner Heimat angepaßt. Wilde, teils kahle, teils von üppiger Vegetation bedeckte Berggipfel beherrschen den Horizont der blendend weißen Bauerndörfer. Einmal scheint unter dem klaren Himmel ein Heiligenschein über ihnen zu liegen, dann wieder ducken sich die bräunlich-rosafarbenen Dächer und maurischen Festungen, die unerwartet hinter einer Kehre der Straße auftauchen, unter drohenden Wolken. Das Leben der Menschen in der Abgeschiedenheit dieser abweisenden, zerklüfteten Landschaft ist bescheiden. Vor dem Fall des Königreiches Granada lagen die Dörfer, die in ihrem Namen den Zusatz »de la Frontera« führen, an der Grenze zwischen christlicher und islamischer Welt. Sie laden ein zu einer Reise durch die Geschichte, in der jeder Felssporn, auf dem die Kolonisten ihre bescheidenen weißen Häuser errichteten, für einen Sieg über die spanischen Mohammedaner steht. Heute noch legt man größten Wert auf Tradition. Selbst die Tourismusmanager, die sonst gern zu klingenden Namen greifen, beschreiben das geographische Dreieck zwischen Arcos de la Frontera, Ronda und Jimena de la Frontera mit zwei einfachen, schnörkellosen Worten: Pueblos Blancos,

weiße Dörfer. Ruhe findet man hier, Reinheit, Natur und Licht. Ein Gewirr abweisender Hügel erhebt sich über Tälern mit Flüssen, Seen und Staudämmen, die teilweise die höchsten durchschnittlichen Niederschlagsmengen in Spanien zu verzeichnen haben. Hierher kehrt man immer wieder zurück, weil eine Reise nicht genügt, um alles zu sehen. Muß man die Dörfer doch umkreisen, sie von jeder nur möglichen Seite her entdecken, immer auf der Suche nach neuen Ansichten dieses Labyrinths kalkgetünchter Mauern.

Vier numerierte, kurvenreiche Landstraßen laufen um die Sierra de Grazalema, die Sierra de Margarita und die Sierra de Ubrique. Doch wie exakt die Straßenkarten auch sein mögen, ein Bild von der Schönheit der rauhen Landschaft können sie nicht liefern. Daher sollte man sich zu Fuß auf 1 500 m Höhe in das grüne Dickicht der wildreichen Naturparks der Sierra de Grazalema und von Los Alcornocales wagen und einen ganzen Nachmittag lang

den Adlern dabei zusehen, wie sie ihre Kreise ziehen. Beim Grollen des Wasserfalls von Salto del Cabrero, im Schatten eines Pinsapo, einer unter Naturschutz stehenden Kiefernart, entspannt sich der Geist. Wenn die Schatten länger werden, empfindet man ungeachtet einer angenehmen Trägheit unwillkürlich das Bedürfnis, den Weg fortzusetzen und nach einer gastlichen Herberge Ausschau zu halten. Die Terrasse eines kleinen Wirtshauses, das aus der Siesta erwacht, kommt da gerade recht. Lächelnd empfängt die mütterliche Hausherrin, deren Verlegenheit die Bergbäuerin verrät, den Gast und empfiehlt ihm ein paar Portionen des einheimischen Aufschnitts. Der Schinken hat jenen salzigen Duft nach Rauch, jenen Nachgeschmack, der an den Buschwald erinnert. Die Stille in den verlassenen, in der Sonne glühenden Gassen wird nur durch das Klappern der Sandalen und das Gelächter einer Gruppe braungebrannter Kinder unterbrochen. Zwar sind Arcos de la Frontera und seine Rivalin, das belebte Ronda, nicht weit,

In den Innenhöfen und den von schwarzen, schmiedeeisernen Gittern geschützten Fenstern der Häuser von Ronda zeigt sich die Identität einer intakten andalusischen Stadt, die auch heute noch stark von ihrer islamischen Vergangenheit geprägt ist.

Aus der Renaissance stammen der Balkon der Casa del Marqués de Salvatierra, der Arco de Carlos V und der Innenhof des Palacio de Mondragón im Herzen der Ciudad, der Altstadt von Ronda.

aber in den Dörfern fernab des Fremdenverkehrs träumen die Jungen gern von dem Geld, das sich während der Hochsaison verdienen läßt. Häufig bemüht sich die Jugend lieber um Touristen als um die elterliche Landwirtschaft. Im ehemaligen Medinat Arkush, das 1250 nach der Rückeroberung durch Alfons X. zu Arcos de la Frontera wurde, beginnt das Wunder der Gebirgsdörfer. 20 bis 30 km voneinander entfernt liegen die Orte, die den Reisenden immer wieder faszinieren. Wie ein an einem Riff gestrandeter Schoner, dessen perlmuttfarbene Segel sich im Wind blähen, liegt Arcos mit seinen 27 000 Einwohnern an den steilen Hängen oberhalb des Río Guadalete. Aufgespießt auf den Felsen, schwankt das Schiff zwischen hellem Gestein und läuft schließlich in einer langen Welle makellos weißer Häuser aus. An der Plaza im Zentrum erklingen in der Unendlichkeit der schlafenden Ebene die drei Glocken der Barockkirche Santa María. Schließlich gelangt man nach Bornos und Villamartín. Ein riesiger Stausee spie-

TENDI Nº 3
SOL Y S MBRA
2

Eine tiefe Schlucht, der Tajo, trennt die beiden »Ufer« der Stadt Ronda, die durch den Puente Nuevo miteinander verbunden sind. Die Brücke aus dem 18. Jahrhundert bohrt sich geradezu in den Fels hinein.

gelt die makellose Helligkeit des gleißenden Himmels, der sich über den Höfen der schlafenden Klöster und den stummen Eingangstüren der Ledergeschäfte wölbt. Abrupt biegt die Straße im Massiv von Líjar nach Algodonales ab, das für seine Holzarbeiten berühmt ist, und führt weiter nach Olvera, wobei sie Zahara de la Sierra und seinen See links liegen läßt. Zahara, dieses merkwürdig rittlings auf seinem Felsen klebende weiße Adlernest, war im 15. Jahrhundert während der Grenzkriege zwischen Kastiliern und Mauren eine heiß umkämpfte Festung. Von hier aus nahm der Untergang Granadas seinen Anfang, als die Mohammedaner nach der Eroberung der Stadt durch die Christen versuchten, sich ihrer erneut zu bemächtigen. Das weiter nördlich gelegene Olvera mit seinen 9 000 Einwohnern muß sich nicht so sehr wie Zahara mit dem zerklüfteten Relief der Landschaft arrangieren, doch auch hier sind die Spuren der arabischen Besatzung unübersehbar. Eine eindrucksvolle arabische Festung aus dem 11. Jahrhun-

dert wird mißtrauisch von einer nicht weniger imposanten Kirche bewacht, die ihr Gegenüber offensichtlich im Auge behalten soll. Will man vielleicht davon ablenken, daß hier einst flüchtigen Verbrechern »diplomatisches Asyl« gewährt wurde, wie die Einheimischen es nennen? Sobald diese die Grenze überschritten hatten und sich damit außerhalb der Reichweite ihrer Verfolger befanden, verdingten sie sich im Austausch für ihr Leben als Soldaten. Eine abenteuerliche Abkürzung über Berg und Tal führt entlang des Río Trejo nach Setenil. Merkwürdigerweise hat sich dieses Dorf in den Tiefen der vom Fluß geschaffenen Schlucht versteckt, durch die sich die Hauptstraße wie durch eine Höhle windet. Doch trotz dieser Folge faszinierender Bilder ist man überrascht, wenn man sich Ronda nähert, das wie eine Königin über den Steilhängen thront. Ob die Stadt vom Berg oder von Menschenhand geschaffen wurde, läßt sich kaum sagen. »Grandios« beschreibt den Ort nur unzureichend. Wagemutig hat sich Ronda

Die Iglesia del Espíritu Santo, die Heiliggeistkirche, wurde im 15. Jahrhundert errichtet, um die Eroberung Rondas durch die katholischen Könige zu feiern.

Von Ronda aus führt die C 341 nach Süden, nach Jimena de la Frontera. Alle zehn Kilometer tauchen hinter den engen Serpentinen der Straße die weiß gekalkten Häuser eines sich an die Felsen schmiegenden Dorfes wie Benadalid, Algotocín und Gaucín auf.

mit seinen 30 000 Einwohnern auf einer natürlichen Kalksteinfestung niedergelassen, die auf allen Seiten durch Abgründe sowie den natürlichen Wassergraben des Río Guadalevín geschützt wird. 100 bis 180 m unterhalb der Häuser von Ronda gräbt sich der Fluß durch eine 80 m breite Spalte, die die Stadt in zwei Hälften teilt. Wie steinerne Zungen, die die mächtigen, erodierten Kiefer der Serranía de Ronda ausgespien haben, wirken die beiden nur durch eine luftige, an den Fels geklebte Brücke verbundenen Plateaus. Welch immense technische Leistung der Ende des 18. Jahrhunderts errichtete dreibögige Puente Nuevo darstellt, muß man nicht weiter erwähnen. Allein die Erfüllung der Aufgabe zeugt von der Meisterschaft der Architekten. Die Ciudad, die wie auf einer Insel liegende Altstadt mit ihrem Bergfried, bot als natürliche Zitadelle einen ausgezeichneten Schutz vor Angreifern. Erst Ferdinand dem Katholischen gelang es 1485, die Festung einzunehmen, allerdings nur, nachdem er sie während einer drei-

wöchigen Belagerung ausgehungert hatte. Nahezu alles in der Ciudad erinnert an die maurische Vergangenheit: die schmiedeeisernen Gitter, die hinter jedem Fenster einen Serail vermuten lassen, die arabischen Bäder, der Mudéjarhof des Palacio de Mondragón, die in den Fels geschlagene Treppe der Casa del Rey Moro, über die christliche Sklaven angeblich vom Fluß das Wasser für die Mauren holen mußten. Auch der Glockenturm der Plaza de la Duquesa de Parcent, die sich mit ihren üppigen Palmen und rosa Oleanderbäumchen so herrlich gleichmütig gibt, bildet da keine Ausnahme – es handelt sich um ein umgebautes Minarett. Will man sich auf die Suche nach Spuren der christlichen Kultur begeben, muß man die Brücke überqueren, um nach El Mercadillo zu gelangen. Auch dieser Teil der Stadt war bereits zur Zeit der Taifas besiedelt, seine ursprünglichen Bewohner wurden aber nach der Rückeroberung verjagt und stattdessen Kastilier angesiedelt. Die berühmtesten Arenen Spaniens zeugen von einer sehr iberischen

Vorliebe für den Stierkampf, dessen geistige Wiege Ronda ist. Zumindest in seiner modernen Form geht die Corrida auf die Familie Romero zurück, die über Generationen hinweg jedes Detail dieser Kunst genau definierte. So ist die Muleta, der Stierkampf zu Fuß, eine Erfindung des 1698 in Ronda geborenen Francisco. Unter seinem Sohn Juan setzte sich die Cuadrilla durch, in der zusätzlich Picadores und Banderilleros eingesetzt werden. Der große Matador Pedro schließlich, ein Enkel des ersten Romero, hinterließ der Nachwelt die Kunst des unfehlbaren Todesstoßes, der Estocada.

Schon immer hat die Landwirtschaft in den Bergen um die Pueblos Blancos eine wichtige Rolle gespielt. An Wasser mangelt es hier nicht, so daß Früchte und Gemüse unter der glühenden Sonne im Überfluß gedeihen. Wurst und Schinken besitzen einen ganz besonderen, köstlichen Geschmack.

Im Naturpark von Los Alcornocales in der Provinz Cádiz liegt einer der größten Eichenwälder Europas. Alle acht bis zehn Jahre entfernt man die Rinde der Korkeichen, die in der Sierra de Aracena, an der Grenze zu Portugal, ebenfalls häufig vorkommen.

• Die Korkeiche •

Diese im Mittelmeerraum heimische Eichenart liebt das Licht, verabscheut Kalkböden, und ihre Wurzeln brauchen einen kühlen Untergrund. Daher findet sie sich vor allem neben Kiefern, immergrünen Eichen und Buschwald an den Ausläufern der Gebirge in der Nähe von Flüssen und Bächen. Die größten natürlichen Korkeichenwälder Andalusiens besitzt die Provinz Cádiz im Naturpark Sierra de Aracena an der portugiesischen Grenze und im Massiv von Los Alcornocales, wo sich die ausgedehntesten Korkeichenwälder Europas befinden. Der Kork wird aus der Rinde des Baumes gewonnen, an dessen Stamm niedrige, gewundene Äste wachsen, deren Blätter unten weißlich gefärbt sind. Die Entfernung der ersten, unbrauchbaren Rindenschicht erfolgt, wenn der Stamm einen Durchmesser von etwa 70 cm erreicht hat. Danach wird die Rinde alle acht bis zehn Jahre geerntet. Alle 80 bis 100 Jahre werden die Kulturen erneuert.

• Die Corrida •

Für die einen ist sie eine Kunst, für die anderen ist dieses rituelle Opfer eines mutigen Tieres eine Tragödie in drei Akten. Doch seine Anhänger, die Aficionados, sind dem Stierkampf treu geblieben. Bemerkenswert ist, daß die Corridas nahezu ebenso gut besucht sind wie Fußballspiele. Bevor er die Arena betritt, ist jeder Torero gezwungen, sich mit der Vergänglichkeit seiner Existenz auseinanderzusetzen. Keiner von ihnen hat das tragische Ende der großen Meister vergessen. 1947 wurde der berühmte Manolete getötet, erst vor kurzem fand Francisco Rivera in der Arena den Tod. Der Stierkampf läßt sich ebensowenig erklären wie kritisieren, man muß ihn fühlen. Die Arena zu betreten, diesem erregenden Drama beizuwohnen, auf den Rängen der Tribüne das angstvolle Schweigen zu erleben, um sich dann von der Begeisterung hinreißen zu lassen, das ist die einzige Möglichkeit, die Intensität dieses Schauspiels zu erfahren. Technisch gesehen, unterteilt es sich in drei Akte, die man Tercio nennt: Tercio de Vara, Tercio de Banderillas und Tercio de Muleta. Sobald der Präsident der Corrida, die sechs Kämpfe mit einer Dauer von jeweils 20 Minuten umfaßt, mit einem weißen Taschentuch ein Zeichen gibt, gilt der Stierkampf als eröffnet. Während des ersten Drittels schwenkt der Torero, der einen mit Goldfäden bestickten Anzug trägt, eine purpurfarbene Capa, die er mit beiden Händen hält, wenn er die Verónicas ausführt, bei denen er den Stier passiert. Unterstützt von Peones und berittenen Picadores, die das Tier mit ihren Lanzen anstacheln, prüft er Temperament und Kampfgeist seines Gegners. Im Finale wird der Torero zum Matador, der den Stier tötet. Mit Hilfe der Muleta, einer etwas kleineren Capa, lenkt der Torero die Aufmerksamkeit des verletzten Tieres auf sich, während er kunstvolle, höchst riskante Figuren ausführt. Mit der Estocada, für die ein einziger Stoß des Degens genügen muß, tötet er schließlich das besiegte Tier.

Kunstvolle Manöver mit der Muleta führt der Torero im Traje de Luces, dem goldbestickten Anzug, aus, wenn er in der Arena dem Stier gegenübersteht, der aus einer der Zuchten stammt, aus denen die für den Kampf bestimmten Tiere nach äußerst strengen Kriterien ausgewählt werden.

Die Costa de la Luz verdankt ihren Namen der brennenden Reinheit ihres Lichtes, dem dennoch jede Feindlichkeit fehlt.

Die *Atlantikküste*

Die Costa de la Luz ist ein wahres Surferparadies und hat das Glück, nicht den Auswüchsen des Massentourismus zum Opfer gefallen zu sein. Während die Sportler Sonne und Meer genießen, widmen sich die Fischer von Tarifa oder Zahara de los Atunes ihrem traditionellen Beruf.

Von Tarifa, wo sie ihren Anfang nimmt, bis zu ihrem Ende in Ayamonte wird das Bild der Costa de la Luz von Dünen und wilden Sümpfen geprägt, die vom alles verschlingenden Beton verschont geblieben sind. Der Mangel an Straßen hat sich für diese vom Sturm gepeitschte Landschaft als Segen erwiesen. Tarifa ist die letzte spanische Stadt vor der afrikanischen Küste, kaum 13,5 km flüssige Grenze trennen sie vom marokkanischen Rifgebirge. Riesige, von Algen grün gefärbte Wogen türmen sich hier und ziehen Surfer aus aller Welt an. Doch die Sportler in ihren Neoprenanzügen lassen die kleine Welt innerhalb der arabischen Festungsmauern der Stadt unberührt. Jeden Tag fahren die Fischer hinaus, um ihre Netze im Meer auszuwerfen, in der Hoffnung, sie mit Anchovis und Sardinen zu füllen. Weiter im Norden drehen sich ihre Berufskollegen von Zahara de los Atunes mit seinen 2 900 Einwohnern ebensowenig nach den Besuchern um, die sich in ihr Dorf verirrt haben. Seit Generationen lebt man hier vom Thunfisch, dem Atún, der mit einer seit der Antike unveränderten Methode in 5 km langen Netzen gefangen wird. Es ist eine archaische Art der Fischerei, bei der die eine halbe Tonne wiegenden Tiere auf hoher See mit der Harpune getötet werden. Die Grau-

samkeit könnte abstoßend wirken, wüßte man nicht, daß die kampflustigen Fische in der Lage sind, dem Fischer mit einem Schlag ihres Schwanzes das Rückgrat zu brechen. Manchmal sind auch die mutigen Männer mit den kupferfarbenen Gesichtern, die die gefährlichen Gewässer vor der 250 km langen Atlantikküste Andalusiens befahren, der schweren Arbeit müde. Dennoch wissen sie sich im Einklang mit ihrer abweisenden Küste, die einst große Seefahrer entsandte. Hier münden die lehmigen Wasser des Guadalquivir, deren Spuren sich noch weit aufs offene Meer hinaus verfolgen lassen. Von den ehemals vier Fahrrinnen existiert nur noch eine, und auch diese muß ausgebaggert werden, damit die Langustenfischer die gefährliche Passage mit ihren schlammigen Wirbeln ohne Angst passieren können. Unter den 35 000 Sanluqueños, einer Mischung aus Heiligen und Freibeutern, die in diesem amphibischen Milieu leben, sticht eine ungewöhnliche Persönlichkeit hervor, die Herzogin von Medina Sidonia. Die Vor-

Vor der spanischen Atlantikküste erlitt die aus dem Hafen von Cádiz ausgelaufene gemeinsame Flotte von Franzosen und Spaniern 1805 bei Trafalgar eine verheerende Niederlage. Spanien hatte jedoch in seiner Geschichte durchaus große Erfolge zu verzeichnen, an die unter anderem das abgebildete Azulejo erinnert. Christoph Kolumbus zu Ehren, der von Sanlúcar de Barrameda nach Amerika segelte, wurde auch das Denkmal errichtet.

Im abgelegenen Kloster von La Rábida südlich von Huelva mit seinem Mudéjarkreuzgang fanden Christoph Kolumbus und später auch die Konquistadoren Hernán Cortés und Francisco Pizarro Aufnahme.

fahren von María Luisa Álvarez de Toledo rüsteten einst an ihren Kais die Indienflotte des 15. Jahrhunderts aus, sie selbst ging für ihren Widerwillen gegen das Francoregime ins Gefängnis und ins Exil. Wenn sie ihre Stimme erhebt, hört man ihr zu. Doch ihr Zorn wird angesichts der Umweltkatastrophe vom April 1998 nicht so leicht zu besänftigen sein. Damals ergossen sich 5 Mio. m^3 schwermetallhaltiger Schlamm aus dem Rückhaltebecken einer Erzmine in den Nationalpark von Coto de Doñana, das frühere Jagdrevier der Familie, das der Großvater der Herzogin dem Staat für einen Spottpreis verkauft hatte, und verseuchten eine Fläche von 50 000 ha. Das Paradies ist besudelt, die ökologische Katastrophe bedroht Mangusten, Ginsterkatzen, Luchse, Zugvögel und Aale. Dieser Frevel hat die Andalusier mitten ins Herz getroffen, denn die Wildnis aus Dünen und Gestrüpp, in der sich Salz- und Süßwasser mischen, war den Familien der Dorfbewohner, die hier gelegentlich wilderten, von klein auf vertraut. Heute gehört sie der

Virgen del Rocío, der Jungfrau des Taus, die Sümpfe und Menschen schützt. Angesichts der leidenschaftlichen Gebete der Pilger, die hier an Pfingsten zusammenströmen, will man gern an die Wiederauferstehung des reichsten Biotops Europas glauben. Doch trotz der Bemühungen der letzten Jahre hat Andalusien wie auch das übrige Spanien zu lange den ökologischen Bogen überspannt. So zerfasert Cádiz, die von der Krise der Werftindustrie geschlagene Industriestadt, in trostlose Vororte, wo Straßenkinder die Leinen ihrer selbstgebastelten Angeln in trübes Wasser werfen. Eine Ausnahme bildet das Zentrum der alten Stadt, ein Felsen, der mit dem Festland nur durch eine schmale Landzunge verbunden ist. Ein Hafen wie aus dem Märchen duckt sich in den Schutz der Festungsanlagen, hinter denen sich blumengeschmückte Plätze und Häuser aus dem 18. Jahrhundert verbergen. So vollkommen war dieser Ort, und doch so schutzlos, daß er schon bald erobert und von dem englischen Korsar Francis Drake, der 1587 die spa-

Wein und Pferde:
Diese beiden Faktoren bestimmen seit jeher das Leben in der Stadt Jerez de la Frontera.

• Die Weine von Jerez •

Bereits tausend Jahre vor unserer Zeitrechnung exportierten die Phönizier über den Hafen von Cádiz Hunderte von Amphoren dieses edlen Getränks in aller Herren Länder. Heute noch stammt der größte Anteil der für den Export bestimmten andalusischen Weine, die unter der Bezeichnung Jerez, Xerès und Sherry vermarktet werden, aus dem Dreieck zwischen Sanlúcar, Jerez de la Frontera und Puerto de Santa María. Die von der Seeluft braun gefärbten Reben liefern eine Traube, die ihren maritimen Ursprung nicht verleugnen kann. Vier bis fünf Jahre reift der köstliche Saft in handgearbeiteten Fässern aus amerikanischer Eiche mit einem Fassungsvermögen von 550 Litern. Man genießt den goldenen Fino und den blaßgelben Manzanilla, die beide aus weißen Trauben gepreßt werden und sich durch ihren trockenen, leichten Charakter auszeichnen. Vorsicht aber mit dem Oloroso, der eine stärkere Wirkung haben kann. Immer wieder überzeugt der zarte Moscatel, der zu jeder Gelegenheit paßt, bei der man einen süßeren Wein bevorzugt.

Jedes Jahr findet Ende April/Anfang Mai in Jerez die Feria del Caballo statt, bei der das königliche Gestüt von Jerez seine prachtvollen Tiere zeigt. Es erinnert an die Kreuzung zweier andalusischer Rassen im 16. Jahrhundert, von denen die Pferde abstammen, für die die Stadt heute berühmt ist. Die wichtigste Institution in Jerez ist die von Álvaro Domecq geleitete »Königliche Reitschule«, die regelmäßig eindrucksvolle, der Öffentlichkeit zugängliche Vorführungen veranstaltet.

nische Armada in der Bucht von Cádiz vernichtet hatte, geplündert wurde. Von der Vergangenheit der Stadt zeugen die Kathedrale und ein Gewirr von Gassen, in denen kaum ein Durchkommen ist. Doch ihre Identität verdankt die Stadt ihren Pferden, diesen edlen Tieren, die seit Jahrhunderten in der Arena dem Tod ins Gesicht sehen und über die Ebenen von Jerez de la Frontera galoppieren. Ein Mann hat sich hoffnungslos in sie verliebt: Álvaro Domecq, dessen Familie durch den Weinhandel reich geworden ist. Auch wenn sein Palast die Einfahrt zur Stadt beherrscht, seinen Adel hat er sich auf den 700 ha seiner Finca erworben, wo er Stiere und Rassepferde züchtet. In Jerez leitet er seine eigene »Königliche Reitschule«, der dieser Titel 1987 von König Juan Carlos verliehen wurde, eine Einrichtung, die in Europa höchstens noch in Saumur und Wien ihresgleichen findet. Im Adel dieser Vollblüter mit ihren edel geschwungenen Hälsen verkörpert sich der ureigene Charakterzug Andalusiens: der Stolz.

WISSENSWERTES VOR REISEANTRITT

INFORMATIONSSTELLEN: Spanisches Fremdenverkehrsamt, Myliusstr. 14, 60323 Frankfurt/M., Tel.: 069-725033, Fax: 069-725313. In Österreich: Walfischgasse 8, 1010 Wien, Tel.: 01-5129580, Fax: 01-5129581. In der Schweiz: Seefeldstr. 19, 8008 Zürich, Tel.: 01-2527930, Fax: 01-2526204. Internet: http://www.tour-spain.es.

INFORMATIONEN VOR ORT: Oficina de Turismo, Avda. de la Constitución 21, 41004 Sevilla, Tel.: 95-4221404. In Granada: Corral del Carbón, 18009 Granada C.P., Tel: 958-225990, Fax: 958-223927. Touristeninformationsbüros gibt es in allen größeren Städten.

EINREISEBESTIMMUNGEN: Ein gültiger Reisepaß genügt, EU-Bürger benötigen lediglich einen Personalausweis.

DIPLOMATISCHE VERTRETUNGEN SPANIENS: Kanzlei der Botschaft von Spanien, Schloßstr. 4, 53115 Bonn, Tel.: 0228-911790, Fax: 0228-223405. Botschaft von Spanien, Argentinier Straße 34, 1040 Wien, Tel.: 01-5055780, Fax: 01505578825. Botschaft von Spanien, Kalcheggweg 24, 3006 Bern, Tel.: 031-3520412, Fax: 031-3515229.

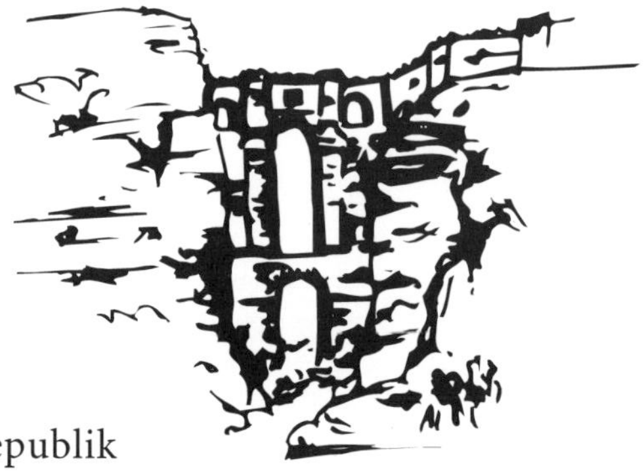

VERTRETUNGEN IN ANDALUSIEN: Generalkonsulat der Bundesrepublik Deutschland, Avda. de la Palmera 19, Edificio Winterthur, 41013 Sevilla, Tel.: 95-4230204, Fax: 95-4239552. Österreichisches Konsulat, Calle Marqués Parada 26, 41001 Sevilla, Tel.: 95-4222162. Schweizer Konsulat, Edificio Cahispa, Calle San Lorenzo 4, 29001 Málaga, Tel.: 95-2217266, Fax: 95-2226736.

LANDESWÄHRUNG: Peseta (Pta.) – 100 Pta. sind 1,18 DM (Stand: Februar 1999). Kreditkarten werden nahezu überall akzeptiert.

ZOLLBESTIMMUNGEN: Die Ein- und Ausfuhr von Waren für den eigenen Bedarf ist innerhalb der EU nicht beschränkt.

Anreise – Fluggesellschaften: Der Flughafen von Málaga wird von allen europäischen Großstädten aus angeflogen, von Frankfurt täglich. Lufthansa und die spanische Fluggesellschaft Iberia bieten Linienflüge über Madrid oder Barcelona nach Sevilla an. Der Flug dauert 4 1/2 Stunden. Im Sommer gehen Charterflüge nach Almería und Jerez de la Frontera. Die Anreise mit dem Zug erfolgt meist über Madrid und dauert 1–2 Tage. Von dort fährt der Hochgeschwindigkeitszug AVE mehrmals täglich in 2 1/2 Stunden nach Sevilla.

Land und Leute

Geographie: Andalusien liegt im Süden der Iberischen Halbinsel und ist an seinem südlichsten Punkt nur 13,5 km von Afrika entfernt. Mehr als 800 km Küste am Mittelmeer und am Atlantik bilden seine Grenzen im Süden und im Westen. Acht Provinzen liegen in den unterschiedlichsten Landschaften. Im Norden erstreckt sich die gebirgige Sierra Morena mit zahlreichen Naturparks. Im Westen mündet die Flußebene des Guadalquivir in den Atlantik, an der die Zentren Sevilla, Huelva und Cádiz liegen. Im Süden erheben sich die betischen Kordilleren mit der Sierra Nevada. Höchster Berg Spaniens ist mit 3 478 m der Mulhacén.

Fläche: Mit rund 88 000 km^2 ist Andalusien fast so groß wie Portugal und hat ein Viertel der Fläche Deutschlands.

Hauptstadt: Sevilla, mehr als 700 000 Einwohner.

Staatsform: Seit 1981 ist Andalusien eine von Spaniens 17 autonomen Regionen mit eigenem Parlament.

Wirtschaft: Andalusien ist die bedeutendste Agrarregion Spaniens. Haupterwerbsquelle sind Tourismus und Landwirtschaft. Anbauprodukte, besonders in Jaén und Córdoba, sind Oliven, Wein, Sonnenblumen und Getreide, aber auch Reis und Zitrusfrüchte.

Klima: Das mediterrane Klima Andalusiens zeichnet sich durch trocken-heiße Sommer und milde Winter mit geringen Niederschlägen aus. In den Gebirgsregionen sind die Temperaturunterschiede ausgeprägter als in den teils subtropischen Küstengebieten. Die beste Reisezeit liegt im Frühjahr und im Herbst.

ORTSZEIT: Mitteleuropäische Zeit (MEZ).

BEVÖLKERUNG: 7 Millionen Einwohner. Eine soziale Minderheit stellen die Zigeuner (Gitanos) dar.

RELIGION: 95% der Andalusier sind Katholiken.

SPRACHE: Spanisch.

TOURISTISCHE ATTRAKTIONEN: SEVILLAS Wahrzeichen, die knapp 100 m hohe GIRALDA, ist ein ehemaliges Minarett. Seinen Namen hat der Glockenturm aus dem 12. Jh. von einer 4 m hohen weiblichen Figur auf seiner Spitze. Daneben steht SANTA MARÍA DELA SEDE, deren Hauptattraktion das 23 x 20 m große Retabel ist. Ein Kleinod der maurischen Mudéjarkunst und ältester Königspalast Europas ist der ALCÁZAR, die Palastburg Peters des Grausamen aus dem 14. Jh. Im »Indien«-Archiv gegenüber werden Handschriften und etwa 7 000 alte Karten aufbewahrt. Der einst vergoldete TORRE DE ORO beherbergt ein Schiffahrtsmuseum. Ein paar Kilometer außerhalb Sevillas liegt die römische Ruinenstadt ITÁLICA. Die Mezquita CÓRDOBAS wurde von der UNESCO zum Weltkulturerbe ernannt. Inmitten der Moschee mit ihrem »Wald der tausend Säulen« aus dem 8. Jh. entstand nach der Vertreibung der Mauren eine Kathedrale. Einer der schönsten Brunnen Andalusiens ist der Königsbrunnen in PRIEGO DE CÓRDOBA. Etwa 8 km westlich von Córdoba liegen die Ruinen der Kalifenstadt MEDINA AL-ZAHRA aus dem 10. Jh. Sehenswert sind die arabischen Bäder aus dem 11. Jh. in der Hauptstadt der »Olivenprovinz« JAÉN. Auf dem Löwenplatz in BAEZA zieren vier Löwen aus Stein einen antiken Brunnen. In GRANADA, der letzten Bastion der Mauren, am Fuße der SIERRA NEVADA, steht die weltberühmte ALHAMBRA (»Die Rote«). Glanzstück des Palastkomplexes ist der filigran verzierte Löwenhof mit zwölf wasserspeienden Fabellöwen aus Marmor. Granadas Kathedrale gilt als die schönste Renaissancekirche der Welt. Leuchtendweiße Hausfassaden ragen in der Höhlenstadt GUADIX aus ockerbraunem Sandstein. Hoch über Picassos Geburtsstadt MÁLAGA verbindet ein mauerbewehrter

Weg die Burg Gibralfaro mit der befestigten Oberstadt. Die »Einarmige« heißt Málagas Kathedrale, da sie unvollendet geblieben ist und nur einen Turm hat. Auf zwei steilen Felsmassen, geteilt durch eine bis zu 180 m tiefe Schlucht, liegt Ronda. Im Naturschutzgebiet El Torcal de Antequera haben Wind und Wasser bizarre Felsformationen geschaffen. Almería im Osten ist Spaniens Wüstenprovinz. Nahe Tabernas stehen die größten Sonnenkraftwerke Europas. An der Küste sehenswert ist der vulkanische Naturpark Cabo de Gata. Auf einem Felsplateau liegt Cádiz – Europas älteste Siedlung. Der Nationalpark Coto de Doñana im Delta des Guadalquivir ist das bedeutendste Vogelreservat Europas. Dieses Feuchtgebiet wurde von der Unesco zum Biosphärenreservat erklärt.

Verkehrsmittel: Andalusien verfügt über ein gut ausgebautes Autobahnnetz, Mietwagenfirmen findet man in den meisten Städten und an den Flughäfen. Die Busverbindungen zwischen den Städten sind gut. Nicht sehr dicht ist das Eisenbahnnetz, gute Verbindungen bestehen aber zwischen den Großstädten. Der täglich fahrende Talgo 200 benötigt nur knapp 3 Stunden von Córdoba nach Cádiz, nach Málaga ebenfalls. Gemächlicher fährt der Hotelzug »Al Andalus Expreso« durch das Land. Taxifahren ist günstig.

Landesküche: Die Tapas genannnten Appetithäppchen nimmt man mittags oder abends in der Bar ein. Dazu wird oft Vino fino (Sherry) getrunken. Am Meer gibt es fritierten, gebratenen oder marinierten Fisch, Reisgerichte mit Meeresfrüchten (Paella) und kalte Gemüsesuppen (Gazpachos). Im Landesinnern schätzt man Eintopf- und Ragoutgerichte vom Kaninchen oder Schwein.

Redaktionsschluß: Februar 1999.